财　富　的　故　事

The Stories of The Wealth

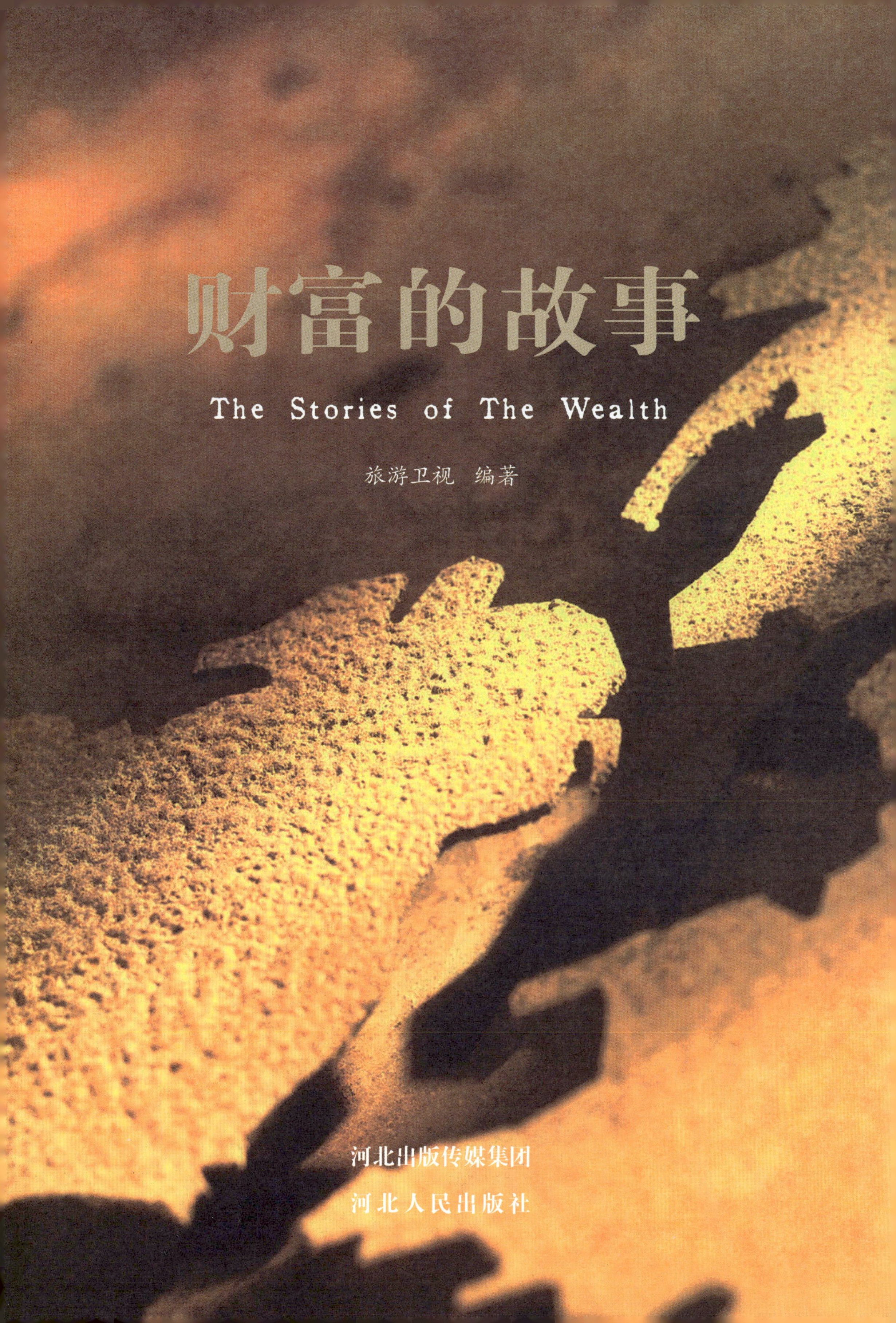

财富的故事

The Stories of The Wealth

旅游卫视 编著

河北出版传媒集团
河北人民出版社

财富的故事（《地球的故事》续篇）

俺从一出生就本能地好奇，想认知这个周遭的生存环境——地球，其实您也一样。

读书和行路，都是很好的了解世界的方法。读书，可以了解别人的思想；行路，能够换位去自己思考。所以，有人说，旅游的作用就是用现实来约束想象，不是去想事情会是怎样的，而是去看它们实际上是怎样的。

而这世界上每天都在发生着事情，俺们称之为NEWS，这是一个复数词，表示有很多的新鲜事，但又不能每一件都成为电视、广播、报刊、网络、各式媒体的报道。于是乎，知道了虽然 NEWS很巧合地成为了英语中的北、东、西、南四个方向的字头组合，但是，只有那些被人们关注了的，才可能成为新闻传播到四面八方。

每一天，都有新闻吸引着人们的眼球。而那些昨天的，已经变作旧闻，淡淡地，远离了人们的视线，有的被遗忘了，有的几经传诵，变成了故事——地球的故事。

好在有像房龙先生这样的人，可以收集整理很多故事，然后写下来，让我们知道了这个世界是多么的有趣。无论是《地球的故事》还是《人类的故事》，都是这位美国作家、历史学家房龙在1930年代就完成的作品，据说1933年就有中文版的发行，当时就有相当多的读者。看了房龙先生在《地球的故事》一书中的描绘，让人们有种想要一探究竟的冲动，想去看看那些生活在大海边、高山里、流水旁、草原中的人们，无论他们是在文明的城市，还是在原始的部落，只想看看这么多年过去了，那里的人

们是不是还像书中所说的那样，他们为什么住在那里，他们来自哪里，他们如何生活，他们在干什么……

当初，俺就是在这本《地球的故事》的感召之下，迈出了认知这世界的第一步，12年间一路走过来，俺借着旅游卫视传播的翅膀，造访了遍布世界的60多个国家。在路上，俺调用着俺所有的感官，感知、感受、感悟这个俺正在生活着的地球……

早在1997年，世界旅游组织就预测，到了2020年，每年会有一亿中国人在世界各地旅游，一段满足一己之需的旅程，或国内，或出境，或休闲，或度假，旅游已经成为人们间或发生的一种消费。但是，别忘了波斯的一句警言，没有知识的旅游者，如同一只没有翅膀的鸟儿，所以，出发上路之前，是不是应该对目的地有所了解，那里的人、那里的事，尤其是那里的故事。

因为，那些都是《地球的故事》。

阿涩

contents

目录

财 富 的 故 事

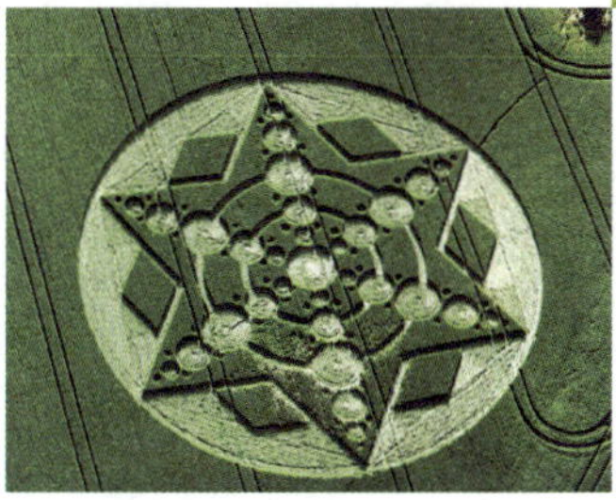

奥地利音乐

从哈布斯堡家族、电影《音乐之声》到莫扎特的传奇一生，我们似乎能够感到奥地利处处飘散着美妙的音乐旋律和高雅的气息。音乐赋予了奥地利人一颗乐观、平和、达观的心，这种心态可以说贯穿了他们生活的点点滴滴。单纯的金钱不能算是真正意义上的财富，真正意义上的财富是一种精神上的充实和乐观的态度。

奥地利音乐，真正意义上的精神财富

2012年1月1日，世界的目光再次聚焦在音乐之都——奥地利的首都维也纳。在维也纳的金色大厅里，维也纳新年音乐会在全球的瞩目之下如期举行。世界上可能没有哪一场音乐会能够媲美维也纳的新年音乐会。这场有着70多年历史的顶级音乐盛典，每年吸引50个国家约10亿的观众坐在电视机前热情高涨地观看演奏的盛况。

一年一度的维也纳新年音乐会是世界最引人注目的年度音乐盛会。在音响效果一流的维也纳金色大厅里演出的曲目是被称为“圆舞曲之王”的小约翰·施特劳斯及其家族的音乐作品，由世界上历史最悠久、素质最高超的乐团维也纳爱乐乐团演奏；另外，拥有着“天籁之声”的维也纳童声合唱团为之伴唱；再加上享誉全球的维也纳国家歌剧院芭蕾舞团表演的芭蕾舞，使得维也纳新年音乐会产生了巨大的轰动效应。维也纳新年音乐会展示的是人类最文明、最欢快、最明亮的侧面，高雅、轻松、豪华、热烈是维也纳新年音乐会的最大特点。

维也纳新年音乐会

在一年一度的维也纳新年音乐会上，约翰·施特劳斯的《蓝色的多瑙河》可以说是保留曲目。维也纳的新年音乐会以演奏施特劳斯家族的圆舞曲为主，间或穿插一些其他音乐家的作品。维也纳新年音乐会永恒不变地演奏着施特劳斯的主旋律，但是就是这样一个年年换汤不换药的音乐会，却如同拥有魔幻般的磁力，吸引着全世界无数的音乐爱好者。音乐爱好者们如果能去听一场原汁原味的维也纳新年音乐会，那将被其视为莫大的荣幸。因为音乐会的门票永远供不应求，乐迷们必须提前1年多预订入场券，还必须通过摇号才能够确认每一年不到2000名的幸运者。有的音乐迷为了一张演唱会的门票孜孜以求达10年之久。时至今日，每年一度的维也纳新年音乐会仍然是世界上最引人注目的年度音乐盛会，全球绝大部分电视台和电台都会进行现场直播，听众数以千万。音乐会的CD和录像资料的发行权都是各唱片公司争夺的焦点，因为它意味着崇高的声誉和丰厚的商业利润。无论时代沧桑、人事变迁，维也纳新年音乐会的核心并没有改变，那就是对维也纳、对奥地利的热爱，对和平欢乐和充满艺术生活的向往。

一年一度的维也纳新年音乐会将维也纳送到了音乐艺术的巅峰，而在艺术巅峰的背后，闪耀的是一连串的音乐大师的名字，比如施特劳斯、海顿、

奥地利

莫扎特、舒伯特，还有生于德国却长期生活在奥地利的贝多芬，40多位音乐大师都在维也纳留下过他们的音乐足迹。有人说多瑙河似乎含有某种神奇的音乐的化学成分，让维也纳人天生就带有音乐的细胞，整条多瑙河流淌的不是水而是音符。但事实上，多瑙河并不只属于奥地利。

这条全长2000多公里的欧洲大河在奥地利境内只有350公里，奥地利其实是一个著名的“山之国”。奥地利在地图上的形状像极了一把小提琴，也许冥冥之中就将奥地利与音乐划上了紧密的关联。奥地利意为东方的国家，国土面积只有8万多平方公里。美丽的多瑙河蜿蜒流淌，连绵起伏的阿尔卑斯山横贯境内。由于奥地利位于欧洲大陆中心，所以它又被称为“欧洲的心脏”和“连接东西的十字路口”。

维也纳是奥地利的首都，位于奥地利东北部阿尔卑斯山北麓维也纳盆地之中，以“音乐之都”闻名遐迩。维也纳三面环山，是多瑙河流经的第一个大城市，所以维也纳有着“多瑙河女神”的美誉。从地理概念上来讲，奥地利在欧洲的确不算是一个大国，人口也仅有800万，但是如果从音乐艺术上来讲的话，奥地利是世界的强国之一。有人形容奥地利每天都有音乐会可以听到，其实这一点也不夸张。从街头的音乐表演到流行音乐会，再到大型的交

美泉宫

电影《茜茜公主》

响乐，乃至歌剧的表演应有尽有。由此可见，对于奥地利人来说，音乐已经不仅仅是一种文化而且是一种民族风格、一种气质。也许很多人会感到非常好奇，究竟是什么样的机缘巧合让奥地利赢得了世界音乐之邦的美誉？为什么众多的音乐大师会喜欢在维也纳、在奥地利扎堆儿呢？其实这一切都和幕后的一双推手有关，它就是曾在维也纳荣耀了将近700年的哈布斯堡家族。

提到哈布斯堡家族你可能不太熟悉，但是说到他们家族的一个人，你可能马上就想到原来他们是一家人呀，这个人就是茜茜公主。到了维也纳，相信很多朋友去过茜茜公主居住的皇宫，也就是哈布斯堡王朝的夏季行宫——美泉宫。美泉宫位于维也纳西北部，是维也纳最漂亮的宫殿。它由多座哈布斯堡宫殿组成，全盛时期居住于美泉宫的光是仆役就多达一千人，这座哈布斯堡家族的夏宫至今依旧是哈布斯堡家族昔日辉煌的象征。茜茜公主就曾经居住在这里。茜茜公主的故事被一次又一次地搬上银幕和舞台，她的甜美、纯真、追求自由的天性以及她与年轻国王童话般完美的爱情拨动了所有渴望浪漫与温情的中国人的心弦。其实茜茜公主是哈布斯堡家族的皇后之一，也叫做伊丽莎白皇后。《茜茜公主》这部电影不仅让我们认识了那个聪明美丽的茜茜公主，还让我们了解到了哈布斯堡家族从强大到没落的历史进程。

在整个欧洲历史进程当中，哈布斯堡家族可是赫赫有名，统治了奥地利长达640年之久。这个家族的版图曾经占据欧洲十个国家的疆域，与此同时我们中国正经历着元、明、清三个王朝的更替。公元9世纪，哈布斯堡家族的祖先在瑞士南部的山区维尔伯乐山上兴建了一座宏伟的城堡，取名为哈布斯堡，意思就是财富之堡，这个家族因此而得名，家族的成员也成了哈布斯堡伯爵。1218年，由于当时瑞士的统治家族没有儿子传宗接代，于是哈布斯堡家族趁机强占了瑞士的大部分地区。到了14世纪，新成立的瑞士联邦不断向德国南部扩张，导致哈布斯堡家族离开瑞士，转移到了奥地利的维也纳定居，从此哈布斯堡家族开始了对奥地利的漫长统治。最特别的是，他们采取了一种非常独特的统治方式，那就是政治联姻。哈布斯堡家族有一句名言：让其他国家去争战，愉快的奥地利结婚吧。

提起政治联姻就不能不提到一个人物，那就是特瑞萨女王。如今在哈布斯堡家族曾经生活过的王宫里还能看到特瑞萨女王的画像，生活在18世纪的特瑞萨女王是奥地利历史上叱咤风云的人物。说到特瑞萨女王，欧洲人就会说那是我们的丈母娘。因为特瑞萨女王一共有16个孩子，5个儿子 、11个

哈布斯堡

特瑞萨女王

女儿。女儿们非常有出息，远嫁到其他的欧洲国家，成为那里的王后或是伯爵夫人。通过这样的特殊方式，特瑞萨女王跟周边的国家建立起了良好的关系，因此被称为欧洲的丈母娘。其实，特瑞萨女王除了用这种嫁女儿的方式来巩固政治地位、国家领土之外，她还让五个儿子迎娶了其他国家王公贵族的女儿。刚才提到的茜茜公主就是政治联姻的得益者或者说是牺牲品，她是特瑞萨女王的重孙媳妇，也就是哈布斯堡家族洛林王朝的第四代皇后。

茜茜公主是巴伐利亚王国一位公爵的小女儿，人称伊丽莎白公主，因昵称为茜茜而被称为茜茜公主。1848年，弗兰茨·约瑟夫登上了奥地利皇帝的宝座，他的姨妈，也就是茜茜公主的母亲，希望能够亲上加亲，便将长女埃莱娜公主送去相亲，希望可以成为奥地利的皇后。15岁的茜茜公主便陪同姐姐来到维也纳美泉宫，没想到皇帝竟对茜茜一见钟情，最终皇帝和茜茜公主在美泉宫举行了隆重的婚礼。时光流转，茜茜公主的故事流传了下来，美轮美奂的美泉宫与茜茜公主一起成为了维也纳的名片。哈布斯堡家族靠这种务实却不失浪漫的联姻方式巩固了自己的政权，扩大了国家的领土面积，在最为鼎盛的时候几乎控制了整个欧洲的半壁江山，也因此获得了巨大的财富。

这个地位显赫的家族还非常地热爱音乐。他们喜欢教堂里管风琴音色的哥特式的恢宏，他们也喜欢舞会上华尔兹的舒美，他们更喜欢皇家歌剧院上演的一幕幕悲欢离合。所以欧洲的乐师大多来到维也纳发展，久而久之形成了传统，作为乐师，如果不去维也纳基本上就不可能成为气候，奥地利的维也纳也就成为了音乐的故乡。让哈布斯堡的家族成员没有想到的是，百年之后那个时期的经典音乐一次又一次地在维也纳的金色大厅奏响，博得了全球亿万人的共同关注。历史上，哈布斯堡家族长期统治着奥地利，这个盛极一时的家族当时想称霸欧洲，尽管最后以失败而告终，却留下了一大批宏伟壮丽的教堂和宫殿。奥地利也不可避免地像世界其他古都一样，沾染上一种不可救药的乐观、雍容的气度，同时又在城市每个角落隐藏着深厚的人文内涵。

还有人认为，奥地利之所以被冠名为“世界的音乐之邦”，是奥地利人的本性使然。这个温和的民族过于热爱生活了，而且他们把生活看作由阳光、花朵、绿色、美食和音乐组成的。与奥地利人聊天可以让时间变得非常缓慢。当他们操着略带乡土口音的德语告诉你，奥地利的生活近一百年来没有太多变化的时候，你能从中感觉到他们无比地自豪。他们说：我们还是一样听音乐、喝咖啡、看报纸、泡温泉，唯一变化的就是大家开始使用手机了。也许你会认为奥地利人不思进取、安于现状，但是他们却非常满足于这种恬静、淡雅的生活。日复一日，他们在古典音乐声中迎接着太阳的升起和黄昏的到来。

正是由于哈布斯堡家族640年长期稳定的统治，再加上哈布斯堡家族以及上流社会喜欢音乐、崇尚音乐，所以诞生了一批服务于宫廷的音乐家、作曲家。比如小约翰·施特劳斯的圆舞曲就是为了满足一个欧洲古老的贵族社会对于社交的需求。如果说一年一度的维也纳新年音乐会是世界上听众最多的音乐会，那么奥地利萨尔斯堡音乐节则是世界上历史最悠久、水平最高、

规模最大的古典音乐节之一了。

萨尔斯堡是奥地利西北部萨尔斯堡州首府，距离维也纳290公里，是一座有900多年历史的中世纪城堡。巍峨的城堡教堂贯穿城市中心的盐河以及随处可见的巴洛克式建筑群，让这座城市有了“深藏在欧洲腹内的一颗明珠”的美誉。每年8月的萨尔斯堡音乐节是世界上最负盛名的古典音乐节庆，音乐节的内容包括歌剧、话剧、音乐会和芭蕾舞表演，素有“音乐艺术中心”之称。除此之外，萨尔斯堡每年都有4000多场音乐以及戏剧等文化演出，所以人们形容行走在萨尔斯堡的大街上有如踩着琴键。

萨尔斯堡这座城市之所以久负盛名，最重要的原因是这里是音乐神童莫扎特的出生地。到了这个地方很多人都会寻找一个伟大名字的踪迹，那就是莫扎特，在街上你可能会找到他的铜像或者找到一些印有他画像的巧克力球。莫扎特的故居坐落在萨尔斯堡最有名的商业街——粮食街，这里每天都挤满了世界各地的旅游者，人们的想法无非只有一个，那就是一睹莫扎特曾经生活的地方的原貌。现在的故居已失去了原来的生活功能，变成了莫扎特博物馆，在这里我们可以从纷繁的物件中寻找300多年前莫扎特的足迹。莫扎特的家人和妻儿的栩栩如生的画像让人感到这位伟大的音乐家依然还生活在这里。莫扎特具有显赫的音乐地位，可以说，在整个奥地利音乐家当中他是首屈一指的。莫扎特的一生虽然短暂，但是他的作品却包括了歌剧、交响曲还有协奏曲等600多部作品。尽管莫扎特是超凡绝伦的旷世奇才，但是他的一生却充满了矛盾，一面是辉煌的成就，一面是失望和潦倒的人生，这好像也是众多音乐家真实生活的一个缩影。

莫扎特被誉为音乐神童一点都不为过。他4岁开始作曲，5岁就弹得一手流利的钢琴，6岁时莫扎特被带进了美泉宫为特瑞萨女王演奏钢琴，到了16岁莫扎特就在萨尔斯堡大主教的手下担任乐师。但是天才往往并不快乐，10年后，莫扎特因为无法忍受教会和宗教制度的束缚，和大主教产生了矛盾，他索性离开了萨尔斯堡，也因此成为了奥地利历史上第一个有勇气和决心摆脱宫廷和教会、维护个人尊严的作曲家。如今，在萨尔斯堡的广场上还能看到莫扎特的雕像屹立在那里，直视着大教主居住的城堡。摆脱了大主教的约

莫扎特故居

莫扎特

萨尔斯堡广场上的莫扎特雕像

束，莫扎特来到了维也纳，他虽然名义上是一位自由作曲家，实际上仍然无力抗争封建社会对他的压迫。失去了经济来源的莫扎特生活得举步维艰，再加上莫扎特的妻子体弱多病，尽管莫扎特每天都从早到晚紧张工作，但依然入不敷出。自由对莫扎特来说也意味着贫困，但是莫扎特不怕贫困，在谋生和艺术创作的矛盾当中度过了一个又一个寒冬。他说，我的财富保存在头脑中，没有人能把它从我的身上取走，除非他们砍下我的脑袋。

在灰暗的日子里，莫扎特凭借着顽强的精神谱写了一曲又一曲举世闻名的作品，比如《费加罗的婚礼》、《唐璜》、《魔笛》等等。但当时的莫扎特却只能靠负债度日，在贫困的日子里莫扎特从来没有放弃过音乐创作，一直为自由、独立而战斗，他也因此成为了萨尔斯堡这座城市的英雄。然而天妒英才，在莫扎特的音乐事业即将走向顶峰的时候，一场突如其来的疾病夺去了他年仅35岁的生命。他短暂的一生给后人留下了极其丰富的精神财富。莫扎特虽然贫困潦倒、阻碍重重，但是他对生活却没有什么憎恨、愤怒，取而代之的是隐忍、宽容、平和、随性。莫扎特的音乐给予人们的是经过生活锤炼之后的纯真，他面对严峻的生活有一种永不泯灭的童心。曾经听到过一个奥地利人这样说：对于维也纳人来说，在音乐世界里莫扎特是今天许多年轻音乐人心中的偶像，而且在音乐世界以外，他更是自由追求生活理想的勇士。萨尔斯堡与莫扎特紧紧地联系在了一起，如今萨尔斯堡市被誉为“莫扎特城”，成为后人敬仰的音乐圣地。漫步萨尔斯堡街头，莫扎特的影子无处不在，莫扎特是萨尔斯堡的骄傲，也是奥地利人的骄傲。

萨尔斯堡不仅是音乐神童莫扎特的故乡，其实也是著名的电影《音乐之声》的拍摄地。《音乐之声》可以说是现代我国观众看到的最早的美国电影之一。有人可能认为《音乐之声》只是一个虚构的好莱坞故事，但实际上这

电影《音乐之声》

萨尔斯堡的米拉贝尔花园

部电影是根据发生在奥地利萨尔斯堡一个真实的故事改编的，《音乐之声》讲述的是一个关于爱和音乐的故事。萨尔斯堡的米拉贝尔花园是《音乐之声》的外景地之一，《音乐之声》中大女儿丽莎逃出家门与邮递员约会就发生在该花园一处特色鲜明的玻璃屋建筑中。影片中的一曲《I am sixteen going to seventeen》拨动了全世界无数少女的情怀，这个玻璃屋也成为了浪漫的象征。影片中玛丽娅在米拉贝尔花园带着7个孩子一起哼唱出哆咪咪的音符，开启了孩子的心灵之门。其实在我看来，玛丽娅的一生是幸福的，她得到了一个女人可以拥有的最美好的东西——大自然、音乐、孩子还有家庭。尽管她幼年丧母，但是她却拥有着荣辱不惊的健康心态。也许是奥地利的这种音乐和大自然滋养了玛丽娅的心灵，才让她始终充满着爱心，她的传奇和音乐之声的故事是今天人类共同的精神财富。怪

不得奥地利民间经常流传着这样的一句话：音乐第一，上帝第二。

如今，维也纳这座城市里平均每5个人就拥有一架钢琴，全城大概有30万架钢琴，超过了小汽车的人均拥有量。如果你想听音乐，只要拨打1590这个电话号码，便可以从听筒里听到你喜欢的任何一种乐曲。

在奥地利，音乐基础教育从幼儿园便开始了，之后，一直贯穿小学和中学的整个过程，直至学生高中毕业。目前，奥地利全国以各种形式从事音乐活动的人约有100万，约占人口的八分之一。从城市到乡村，到处能看到人们自发组织的乐团，空气中无时无刻不洋溢着音乐带来的热情与欢乐。正是这些活跃在奥地利各地的音乐爱好者成就了奥地利“音乐之邦”的美名。

我们从维也纳的新年音乐会回溯到了奥地利的音乐之路；从哈布斯堡家族、电影《音乐之声》到莫扎特的传奇一生，我们似乎能够感受到奥地利处处飘散着美妙的音乐旋律和高雅的气息。音乐赋予了奥地利人乐观、平和、达观的心态，这种心态贯穿了他们生活的点点滴滴。单纯的金钱并不算真正意义上的财富，真正意义上的财富是精神上的充实和乐观的态度。

巴黎的创新

它是国际时尚风潮的指向标，是当代艺术重要的发源地，是拥有很多奢侈品牌的购物天堂。

巴黎，国际时尚风潮指向标

据说有这样一个调查：中国人最向往的欧洲旅游目的地是哪里？结果是你和我众盼所归的一个地方——法国，它是国际时尚风潮的指向标，而且它是当代艺术的重要发源地，又是拥有很多奢侈品牌的购物天堂。说到法国必须要说它的三张“名片”：葡萄酒、香水、时装，这三样不仅为法国创造了巨大的财富，而且也代表着法国独特的时尚魅力。葡萄酒、香水、服装，仔细想一想没有一样是起源于法国的，但是今天却变成了法国的国粹。这是为什么呢？

提到法国的“三大名片”，必须先从葡萄酒说起。探索法国葡萄酒久负盛名的原因，其地理优势功不可没。法国位于欧洲大陆西部，领土呈对称的六边形，三边临海、三边靠岸，地势东南高、西北低，向大西洋敞开。如此的地势造就了法国的多样性气候，而气候正是决定葡萄糖度和酸度平衡的最主要因素。法国葡萄酒的口感多变除了依赖气候，另一个重要的因素就是土壤。在法国，不同葡萄酒区的土壤成分都不一样，即便是同一产区，土壤

也大不相同。例如在法国的勃艮第，以羊肠小路为分界线，两个葡萄园内的土壤成分都各有不同，所种出的葡萄自然风格各异。法国葡萄酒之所以百酒百味，正是因为法国酒农懂得择天而种、择地而培，使得葡萄都生长在适合自己的气候与土壤中，自然品格优良、得天独厚。

要说到法国人和葡萄酒的关系，那真是一种较真的关系，之所以说“较真”，其实除了这些客观的元素，最重要的还是人工制造过程。一提起法国人，人们总爱和浪漫、散漫这些词联系在一起，但是法国人偏偏在葡萄酒这件事情上非常较真。比如在法国的勃艮第地区，有90%或者说超过90%的酒庄采用人工采摘葡萄的方式；法国还明文规定，酒庄不能在葡萄生长的过程当中对葡萄秧浇水；施肥的次数也是越少，卖出来的价格越高。法国人认为葡萄酒是上帝的礼物，所以应该让它的纯自然因素越多越好，人工的痕迹越少越好。在法国，如果一个地方不具备适当的气候条件，想在这个地方建立一个葡萄酒的酒庄，那是绝对不可能发牌照的。也许正是因为这些较真的做法，让法国的葡萄酒在标出令人不可思议的价格的时候，还是能找到买主。比如勃艮第地区有一种叫做罗马那宫第的葡萄酒，一瓶酒一出厂就基本上达到一千五百欧元一瓶，而且最牛的是想买一瓶那是不允许的，一买就要买一件儿——十二瓶。

不仅昂贵，那里的酒几乎都是要提前几年预约才能买得到。更有趣的是这个地区的一家非常牛的酒庄，它的酒只卖给老客户，如果想成为新客户，得排队登记，等那些老客户退出了才有资格。罗马那宫第之所以能够成为如今的奢侈品和聚敛财富的工具，离不开众多的新鲜创意。如果想真正了解法国葡萄酒的由来和那些创意的奇妙之处，那还得从葡萄酒的历史说起。

多数历史学家认为波斯应该是最早酿造葡萄酒的国家，也就是现在的伊朗。随后，种植与酿造葡萄酒的技术传入欧洲，于是希腊成为了欧洲最早开始种植葡萄并开展酿造的国家。公元前6世纪，葡萄的种植与酿造技术传入法国，如何酿造出高品质又多口味的葡萄酒成为法国人所热衷的事业。但如此美味的饮品该怎么有效地保存却在当时成为了一个巨大的难题。浪漫的法国人专注于任何可以提高生活品质、增添生活情调的细节，他们不仅对葡萄酒的酿造严格把关，就连一切有关葡萄酒的附属品也精心设计，力求让葡萄酒得到最完善的保护，就如同一件珍贵的艺术品。

既然法国人酿造了这种耗时、耗资、耗精力的美酒，那没有理由不让它得到最妥善的保护。据说刚开始葡萄酒的封存是采用一些藤蔓等草类编织物，把藤蔓这些材料塞进储存的容器里，然后用火漆作为封口。但是这样做有几个明显的弊端，比如在开启过程当中这些藤蔓容易掉进酒里；另外就是封口不严，酒质会受到影响，封口不严会让酒发生泄漏、侧漏。后来有个人改变了这一切，那就是法国香槟酒的发明人唐·佩里尼翁，他发明了软木塞，到现在为止，好一点的红酒基本上都是用软木塞贮藏的。法国香槟酒的发明人唐·佩里尼翁，为了让酒得到更好的呵护可谓绞尽脑汁，既要能够紧

唐·佩里尼翁

软木塞

密封存又要能让酒得到适当的再发育，于是受橡木桶储存酒的启发，唐·佩里尼翁决定用橡木做成软木塞来代替火漆封口。软木塞柔软且弹性较强，当用它封存瓶颈后，软木经与酒液的接触而膨胀起来，塞紧了瓶颈的空隙，正好阻止酒液的渗漏；另一方面，酒液还可以通过软木塞自身的微孔，接触微量空气达到呼吸与发育的目的。最巧妙的一点就是橡木本身所含有的微量元素透过软木塞可继续增强酒的结构感，使葡萄酒的口感更加醇和。看来法国人创新的理念真的是无处不在。

软木塞的发明是为美味保值，而有一种酒瓶子却让葡萄酒连连升值。这到底是怎么回事呢？法国的酒最有名气的要算路易十三了。这种酒为什么叫做路易十三呢？实际上它跟路易十三国王一点关系都没有。人头马的第三代传人Paul-Emile收藏了一种路易十三时代巴洛克式的酒瓶，其实通过这种酒瓶的纹式，只能看出它有一种皇家贵族的影子，但是Paul emile非常聪明，他把这种瓶子命名为路易十三。在1874年，他就把路易十三这种酒瓶正式注册为公司的商标，之后路易十三开始风靡，可能因为大家很喜欢这种酒瓶，现在路易十三最便宜的也要卖七八千元人民币。一种酒瓶变成了奢侈的品牌，而且就是这样一个创新的想法变成了一种创造财富的方式，这可能就是法国人独特的敛财手段了。

法国的第二张“名片”就是闻名世界的法国香水，它除了已经成为像葡萄酒一样的奢侈品，同时也代表着法国人的创新理念。提起法国香水，人们自然地想到了巴黎，其实巴黎只是它的展台，而真正称得上“法国香水加工厂”的是位于法国南部、有着“花之都”称号的格拉斯小镇。不仅法国香水的制造起源于此，而且这里至今仍是巴黎各大香水厂的原料供应地。

格拉斯之所以能成为法国香水的摇篮，主要取决于它优越的自然环境。格拉斯位于距地中海20公里的山麓上，夏季地中海吹来的季风湿润宜人，阿尔卑斯山下的地下水加上充足的阳光，使格拉斯成为了花草的优生地带。由于处于坡地，格拉斯的每个品种的花都能找到合适的海拔高度而各得其所，在这个地区，不同品种的鲜花每年采集量高达700万公斤之多，于是这里成为了研制香水最完美的实验室。

要想看到香水的古老生产过程，就得通过研制香水的工具一探究竟。无数鲜花

香水制造工具

被装进各式各样的煮锅、滚筒、蒸馏锅中进行压榨、提炼、萃取，最终变成了珍贵的精油，而这只是第一步，精油还需要香水师的精心调配才能称之为香水。为了追求完美，有些香水可能需要几个月甚至几年的时间去不断尝试。同时，为了让香水不光能够闻得到，还要让人在视觉上得到享受，盛装香水的瓶子也是法国人创新构思的一个方面。那又是谁发明了香水呢？

美丽的香水瓶

香水perfume来自于拉丁语parfumare，意思是经过烟熏而来。很久以前，香料或者香水、香油都是酬神上供用的，所以香水一词与烟有关。说到香水的起源，我们要追溯到古埃及、古印度、古罗马、古希腊、古波斯等这些文明古国。人类最早的香水是埃及人发明的一种叫做“可菲神香”的香料。当时人们还没有一种技术可以提炼高纯度的酒精，所以这种香水准确地来说不是现代意义上的香水，应该叫做香油。那什么时候才有了真正意义上的现代香水呢？那是在伊丽莎白女王时期，一瓶加入了醇的、叫做“匈牙利之水”的香水才作为真正的现代意义上的香水问世。15世纪时，香水在意大利被广泛使用，很快这种风尚流传到了法国，之后法国对香水表现出了一种异乎寻常的热情。

起初，法国的臭就像现在的香水一样出名。18世纪的巴黎是一个拥有着60多万人口的大都市，由于墓场与居民区、市场相邻，一旦有风吹过，腐烂尸体的臭味便很轻易地弥漫整个巴黎，加上法国人对周遭环境的不维护，粪便、垃圾随处可见，自然法国注定了是臭气熏天。另一个臭源则来自法国的习俗，根据当时的常识，体臭越强烈说明身体越健康，洗澡只被作为了一种医疗手段。如果没有医生的吩咐，就是巴黎上流社会的绅士、淑女也绝不轻易洗澡。著名的路易十四从1647到1711年的64年里只洗过一次澡，就更甭提争相效仿的法国平民了。

但国王整天臭气熏天毕竟有些不合礼仪，所以路易十四是当时最需要掩盖自己体味的法国人，这让后来香水在法国的盛行有了最冠冕堂皇的理由。路易十四命令宫廷香水师必须天天调制出一款他所喜爱的香水，否则就有上断头台的风险，故后世对他又有“香皇”之称。到了路易十六，更是动用倾国之力将意大利的香水及香皂工业高手挖过来，从此奠定了法国香水工业的基础。法国的香水工业在什么时候达到了空前绝后的时代呢？那就是拿破仑时代，拿破仑是个香水达人，据说就是在战场上他

路易十四

CHANEL

香奈儿

也要把香水喷在身上，有的时候香水供应不到战场上，拿破仑就亲自研制香水。传说现在盛行的薄荷味香水就是他发明的。不仅如此，拿破仑其实还懂得借用科学的力量来制造香水。当时，他鼓励很多的科学家投入到有机化学的钻研中去，从而使法国的香水工业不再跟随别人的脚步，开始步入世界领先的行列。可以说天时、地利、人和给了法国香水一个最完美的摇篮。但这就是法国香水完胜的秘诀了吗？

首先，让我们从世界最著名的香水可可·香奈儿5号说起。香奈儿5号是全球第一支合成花香调香水。当时的玛丽莲·梦露称香奈儿5号是她的第二肌肤，每天睡觉前都要大量地喷洒，她曾经这样说过：我只“穿”香奈儿5号入睡。从那时起，这支香水开始风靡全球，直到现在每半分钟它就被一位女士所拥有。其实香奈儿5号的调制过程与红酒的酿造有异曲同工之妙。每一瓶香奈儿5号都是由调制师用自己的鼻子调制出来的，从而保证了香奈儿5号既与人们的嗅觉习惯相吻合，又具有独特的品位与情调。如今香奈儿5号依然是世界名流们的宠爱之物。

说到COCO香奈儿5号，有很多的女孩子都做了收藏。之所以用收藏这个词就是因为这个味道太过于独特、太刺鼻。有些朋友甚至这样说：我用它只是希望别人知道我用的是香奈儿5号，但我自己最好别闻到它。可是为什么大家不一定非常喜欢的味道却偏偏火了呢？香奈儿5号独特之处就在于它反其道而为之。当其他的香水都在为追求一种真实的鲜花或青草气息而做努力时，香奈儿5号偏偏不试图重现这种鲜花的香味。消费者想追求个性，享受那种独有感，香奈儿小姐恰恰抓准了这一点，轻而易举地击中了消费者求异、求独特、求新的购物心理。这可能就是法国人所钟爱的一种独特的味道。

红酒、香水都是“拿来主义”，没有一项是法国人自己研制发明的，但是法国人却懂得利用自己的优势加以改造，将它们变成了自身的代名词，甚至让它们成为了法国GDP当中领先的奢侈品产业。总之，法国人接受新事物的能力特别强。难道法国人从来没想过靠自己的创意去赚钱吗？

如果提到法式创新，法国的第三张“名片”——时装最能完美体现。

从17世纪开始，巴黎便祖祖辈辈的积攒下时装制作的好名声，如今位于四大时装周秀场之首的巴黎，不仅是引导世界潮人的时尚风向标，更是打造一流时装设计师的造星工厂。凭借各自的创新理念与功力，现在各大奢侈品牌的首席设计师几乎都是通过巴黎秀场走向世界的。法国本土品牌香奈儿的创始人可可·香奈儿小姐便是运用法式创新征服世界的第一女性。她率先打破传统意义上的女性美，彻底颠覆了法国传统流行的奢华风，一步步地将女装进行改革。她将长裙的设计提高到脚踝之上，方便行走，汲取男装灵感让女人从扭曲的体形中解放出来。受第一次世界大战的影响，她率先穿上裤装力求男女平等，最后她大胆运用人造首饰，并带来了新的服装搭配理念。香奈儿的创新使服装艺术真正进入20世纪，也同时建立了属于自己的时尚帝国，现在的香奈儿品牌依旧秉承了香奈儿小姐对时装的诠释。创新，永不停止的创新，正是她留给后人最大的财富。

创新就像经典品牌一样可以传承，这种精神已经开始融入法国普通老百姓的生活中，法国人把创新意识运用到吃喝玩乐、衣食住行各个方面。难道所有的创新之举都能被认可吗？

这里有个有趣的故事。埃菲尔铁塔是巴黎人最自豪的地标性建筑之一，是绝对的创新精品，先不说它的艺术价值，单单是修建的高难度与组合的精准度都是史无前例的。为了建造世界第一高塔，设计者居斯塔夫·埃菲尔共用去钢铁7000吨，金属部件12000个，铆钉259万只，以极其精准的设计，耗时一年半顺利完成，据说埃菲尔铁塔对地面的压强只有一把椅子上面坐一个人对地面的压强那么大。令世界震惊。而这座为迎接巴黎世界博览会建造的铁塔起初却并不受待见，连一向包容的法国人都联名抗议，原因就是认为埃菲尔铁塔严重破坏了巴黎浪漫的古典气质，于是各种诽谤满天飞，甚至有人扬言铁塔会影响巴黎的气候，为法国带来厄运。但当铁塔正式亮相后，人们折服于它的创新精神，开始慢慢接受并为它痴迷。可是总有些固执的人不买账，著名作家莫泊桑一直对埃菲尔铁塔嗤之以鼻，却每天跑到铁塔二楼吃饭、喝咖啡，当有人问及原因，他义正辞言地回答这是他唯一看不到它的地方。

真是不可思议，没有人否认埃菲尔铁塔所代表的创新精神，可爱的法国人为了表明自己也如它一样具有创新精神，做出了很多惊人之举。比如1911年，有一位法国裁缝穿着自己设计的形似蝙蝠翅膀的披风从塔顶上一跃而下，想做一回飞人，结果当然可想而知，他直接飞上了天堂。1968年，有人将一头奶牛吊上了塔顶，他想用这样的方法来鼓励人们多买一些牛奶、黄油、奶酪之类的奶制品。埃菲尔铁塔本身还有一些奇妙之处，阳光照射时，

埃菲尔铁塔

上午的铁塔要向西偏10厘米，中午的铁塔又向北偏7厘米，夜间铁塔和地面保持一种垂直的状态。请您猜一猜这是为什么呢？

在法国，创新呈现的亮点还有很多。卢浮宫前的玻璃金字塔又一次颠覆了人们的传统概念。在古典建筑前设计一个具有现代气息的透明金字塔，这让世人感到惊艳，这种创新并不是没有缘由的。设计师贝聿铭的考量极具科学性，采用金字塔造型与玻璃材质，正是因为金字塔表面面积小，不仅可以通过玻璃反射巴黎不断变化的上空，还能为地下的设施提供良好的采光，创造性地解决了把古老宫殿改造成现代化美术馆的一系列难题。这既符合了法国的浪漫又具备实用性，更因这独特的搭配让每天前来买票参观的游客络绎不绝。

有些创新让我们瞠目结舌、拍手称赞，有些则让我们啼笑皆非。如果您去凡尔赛宫的镜廊里参观过，那么一定会在一个角落里发现一对具有中国特色的镏金工艺品，其实这是中国皇帝送给法国皇帝的一对镏金便盆，结果法国皇帝不舍得用，把这个便盆两边各加上了个把手，变成了一个工艺品放在了桌上。

18世纪如此，21世纪也绝不逊色，法国人的创造力有时真的让我们觉得难以想象。比如塞纳河边建有一个人工沙滩，那也是堪称一绝，据说这是巴黎人民对市政府的一种要求，是为了慰藉那些不能外出享受真正假期的人们而想出来的办法。夏季如果来到巴黎，就能看到塞纳河边有一个被装扮成海滩模样的人造沙滩，巴黎人一本正经地穿着泳裤、泳装在那里躺着享受日光浴，度过快乐的时光。这也能让我们看到法国人的创新还是蛮有人情味的。

正是因为法国的这一系列创新，使我们这些异国人衍生出对法国的向往，这种向往可以用一些我们耳熟能详的词来形容，比如浪漫、时尚、奢华、自由。2011年的第一季度，虽然法国身处整个欧洲经济危机的乌云笼罩之下，但是它还是以6%的增长速度位居欧洲的第一名，第一季度的中国游客数量有6.4万，增长率达到了17.7%。这些数字表明了法国人在我们身上赚到的金钱数量。但我们要说的不是钱的问题，我们说的财富不一定是实实在在的钞票，有时它可能就是通过这样的财富积累而有了进一步创造财富的可能性，而且成为创造财富最好的工具。这些财富中就有法国人对葡萄酒、香水、时尚的那种认真劲儿，还有他们对待新鲜事物那种自由和包容的态度。总而言之，法国人的创新意识与创新精神才是最大的财富。

德国的坚持

德国汽车文化让我们领略到德国人所拥有的精神财富，我们常说德国人太过于严谨，从汽车文化中恰恰能看到德国人将这种严谨发挥到了极致。

德国，把严谨发挥到极致的国度

从第一辆汽车到第一辆大众民用车，德国人用汽车创造了人类工业文明的奇迹，今天，德国汽车就是高品质的代名词。说到汽车，我们都知道在1886年1月29日有两个德国人获得了世界上第一辆汽车的专利权，这两个人就是奔驰先生和戴姆勒先生，当时这两位大师绝对没有预想到，接下来的20世纪没有任何一种工业产品能够像汽车这样渗透到社会的方方面面。德国作为汽车的发源地，历经了一百多年的积累和追求，造就了非常发达的汽车工业，也造就了一系列的德系品牌，甚至是世界级的品牌。为什么德国人能创造如此辉煌的汽车工业？德国独特的汽车文化创造了怎样的社会财富和精神财富呢？让我们一起走进德国，去追寻汽车背后的财富故事。

提到德国汽车，中国人应该非常熟悉。从捷达、桑塔纳到奔驰、宝马，每一座都市中几乎都可以看到德国汽车的身影，德系汽车如今已在中国的轿车市场中占据了相当的市场份额。德国汽车不仅在中国备受青睐，在全球范围内德国汽车的销量也一直保持稳定增长。2011年汽车工业产值大概占德国GDP总量的20%，为德国创造了巨大的财富。德国汽车的发展历史仅仅只有百年的时间，但是它们凭借着高品质、高性能而享誉全球，德国汽车为何能

费迪南德・保时捷

费迪南德・保时捷和他儿子费利・保时捷

保时捷先生和甲壳虫汽车

取得这样的成就呢？故事还要从一款小车开始说起。这款车在德国汽车工业的发展历程中书写了传奇的一页，它和它的设计者都有着耐人寻味的故事。

如果说哪一款汽车让德国人感觉最亲切、最值得德国人骄傲，我相信肯定要提到一款极富有传奇色彩、形态又非常可爱的汽车，它的设计师叫做费迪南德·保时捷。提到这个名字，大家都知道他是著名的豪华跑车保时捷的创造者。但是我们要说的不是保时捷，而是比它更早的一项工业杰作——甲壳虫汽车。

20世纪30年代，汽车是极少数富人才能消费得起的奢侈品，于是保时捷先生一直想生产一部人人能买得起的大众民用车，他和他儿子费利·保时捷开始着手大众汽车的开发计划。最有意思的是，保时捷父子的愿望竟然和当时的执政者希特勒不谋而合，希特勒竞选总理的时候，竞选纲要里就提到要“让每个德国家庭都拥有一部汽车”，为此希特勒还专门召见了保时捷父子俩来商量这件事。当时希特勒对这款车的要求非常简单：搭载2个成年人、3个儿童，一共5座；最高时速一百公里；售价更有要求，因为大众都要消费得起，所以不能超过1000马克。1935年，保时捷父子为普通大众设计的第一辆汽车样车制造完成，希特勒决定亲自试驾，试驾后他对这辆车的表现非常满意，所以决定建造一个工厂来生产这种轿车，于是大众汽车厂应运而生。

汽车工厂的建立为该区域带来了无限的繁荣，一座新城初具规模。1938年，在沃尔夫斯堡这座崭新的城市里第一辆大众民用车下线了，无数的德国人为甲壳虫的诞生欢呼雀跃，他们认为甲壳虫不仅会让德国人过上更优质的生活，而且还会为德国带来巨大的经济财富。一时间，甲壳虫成为了德国民众追求幸福生活的精神偶像。1939年，甲壳虫首次在公众面前亮相，当年就有27万德国人预订了这款车。但不幸的是，同年的9月1日二战爆发，生产甲壳虫的大众汽车厂立即转为生产军车，这让很多人的购车梦想成为泡影。战争使德国工业几乎陷入瘫痪的状态，一直到1945年的圣诞节，仅有58辆甲壳虫交付使用。这58辆大众甲壳虫汽车可谓来之不易，由于二战中大众汽车厂几乎被炸成了废墟，所以二战后工人们为求得生存，只好从工厂废墟中搜集各种新旧部件并将其组装成车。这58辆甲壳虫可以说是大众工厂的救命车，尽管如此，这些甲壳虫的质量却并未因此而打折扣。由于甲壳虫的研发者和制造者非常注意车子本

希特勒与甲壳虫汽车

第一辆甲壳虫汽车

身制作的水准，所以甲壳虫拥有相当坚实的车体结构和底盘引擎，有效增强了汽车的使用寿命。此时世界经济刚刚开始复苏，人们对汽车的需求开始增加，但购买力又非常有限，而甲壳虫的经济耐用性正好适应了人们的这种需求，所以刚一生产出来立刻就被抢购一空。

正当德国人对甲壳虫的美好前景充满无限向往的时候，却发现甲壳虫难以打进国际市场，因为人们很难记住它的名字。当初这款车不叫“甲壳虫”，因为当时希特勒正在推行一种精神运动，所以他把大众生产的这款轿车命名为KD，意思是充满了欢愉，给人带来快乐，但是这个名字一直没流行起来。据说1939年柏林汽车展上，美国《时代》周刊的一位记者觉得这款车实在是太难看了，简直像个小bug——一种甲壳虫，所以在报道中把这种小车讥讽为“甲壳虫”。可是没过多久，人们便发现“甲壳虫”这个词太琅琅上口了，有着惊人的公关效应，简单易记。大众汽车公司干脆就把他们的国民轿车正式更名为“甲壳虫”，“甲壳虫”的叫法就此流行开来，正所谓人无外号不红，原本美国记者想贬低甲壳虫太丑却无意间让全世界记住了它，一时间甲壳虫成为了欧洲最畅销的车种，为大众公司带来了巨大的利润。

因为甲壳虫名字有趣、外形独特，再加上非常抢眼的市场表现，美国导演也开始对它产生无限的兴趣。1969年，迪斯尼以甲壳虫为原型，在《万能金龟车》中首次塑造了具有独立思考能力的神奇53号白色金龟车贺比。贺比机智风趣、充满灵性，它帮助自己的小主人参加了全国联赛，实现了主人的赛车梦想。电影获得了极大的成功，甲壳虫也一夜之间成为了世界级的明星。在电影超强的广告效应之下，甲壳虫汽车不仅进一步稳固了人们心中那可爱亲切、性能可靠的人民车形象，更让大众甲壳虫轻松打进了已经近乎饱和的美国市场。甲壳虫的销量节节攀升，取得了惊人的销售业绩，在最辉煌

电影《万能金龟车》

53号白色金龟车贺比

的时代，甲壳虫的年产量达到100万辆，1981年总产量达到了2000万辆。作为最成功的大众普及型轿车——甲壳虫，它的销售量和风靡的时间都创造了世界纪录。2011年2月13日，情人节的前一天，甲壳虫的汽车爱好者们为了纪念这款经典的车型，在比利时的首都布鲁塞尔举行了巡游，共有一百多辆不同年代不同造型的甲壳虫来参加。大众汽车美国公司的董事阿瑟·莱顿撰写的甲壳虫赞歌《The Beetle》当中这样写道：没有任何一辆汽车有甲壳虫那样的社会效应，它已经成为社会风情的一部分，它有着属于自己的神话。人们为它写书、出版杂志，像明星一样为它拍电影。

德国人用汽车书写传奇，用博物馆来珍藏汽车发展历程中的每一枚光辉印记，曾经的经典至今仍容颜不老、熠熠生辉。究竟是什么让德国汽车业能青春常驻？在之前说到的奔驰先生获得专利之后的120多年里，德国汽车总是屡屡创造奇迹、制造经典。德国的汽车博物馆里灿若星河的德国汽车工业史也为德国旅游带来了新的商机，创造了新的财富。位于沃尔夫斯堡的大众汽车博物馆每年吸引着200多万人来此参观，甲壳虫的许多历史经典车型都收藏于此。当我们漫步在展馆中，会发现在这里陈列的早已不再是一架架钢铁机器，而是一个个富有生命的历史讲述者。今天，在德国一共有170多家汽车博物馆，从中我们可以看到德国汽车业的发展历程，从最初的发明投入工业化生产到为竞争而不懈地改进与提高，再到今天国际化商业品牌与企业文化的塑造，汽车博物馆作为传播汽车文化的载体给德国汽车业注入了新的活力，同时也成为汽车品牌吸引世界眼球的华丽名片。

位于慕尼黑的宝马博物馆，整个陈列展览充分利用环绕式的空间，按照不同年代和时期展示出历年所产的各类宝马汽车，并运用现代声、光、电、多媒体等高科技手段及图片、音像资料提升产品展示的艺术空间，全面演绎了宝马汽车公司的成长与发展史，让人怦然心动。

斯图加特是保时捷的故乡，保时捷汽车博物馆就建在这里。在这座充满了现代风格的博物馆里，陈列了保时捷大约80款历史车型以及200多件与公司息息相关的展品。虽然展品不算多，但件件都是精品，不少部件甚至整车都被剖开展览，内部结构看得一清二楚，而且都是保时捷的原件，由此也能看出德国汽车品牌的内在品质。除了探访保时捷，相信来到斯图加特的每一位旅游者都想看看第一辆汽车究竟是什么样子，在梅赛德斯奔驰博物馆您就可以找到答案。机动车是奔驰先生发明的结构，将四轮马车前面的马去掉，换成发动机，就是马达，就成为了今天汽车的雏形。

梅赛德斯奔驰博物馆的展厅可谓名人名车云集。到底都有什么样的名人坐过什么样的名车呢？其中有一款戴姆勒制造的汽车推广到市场时是1892年，在下了订单的顾客中居然有一位是来自北非的君主，摩洛哥的苏丹；奔驰公司还曾找到以前的德国冠军球队所乘坐的O-302这款车的图纸后，一模一样地复制了一辆，车中有冰箱、卫生间，还有专门供替补队员坐的座位；此外还有戴安娜王妃喜欢的奔驰SL500。虽然去过很多汽车品牌的博物馆，但是奔驰博物馆给人的感觉非常的静，让人们在看到奔驰100多年历史的同时，也能看到整个人类在不同时期发展的里程碑。

看到这里，相信很多人会不解，为什么100多年以来德国的汽车工业能够长久不衰、永葆青春？很重要的一条原因可能是德

保时捷的故乡斯图加特

保时捷博物馆

奔驰博物馆

奔驰先生发明的世界上第一辆汽车

意志民族拥有认真、严谨的民族特征。关于德国人做事一丝不苟到极端的说法是这样的，操作规定上说往墙上钉钉子只需要3下，那么德国人绝对不会敲两下也不会敲4下，当然了，这是一种比较夸张的说法。不过一位在德国留学的朋友曾经有这样的经历：他到菜市场去买土豆，但是没想到卖菜的人还塞给他一个说明书，告诉他应该怎么煮、怎么炸，由此可见德国人的周全、精密、严谨，不得不让人佩服。

也许正是德国人将这样的精神融入到了汽车工业的设计和生产当中才造就了精美、可靠、耐用的汽车，难怪科学技术如此发达的美国连登月车都要请德国的保时捷汽车公司设计。如果您拥有一辆德国汽车，您会发现它的开关按钮的数量要比其他国家生产的汽车少，即便戴着手套也会非常方便地操作，这凸显了德国设计的人性化与实用性。德国人在汽车的功能设计方面从不盲目追逐时尚，比如数码显示的仪表曾经风靡一时，而德国人却在很长一段时间内从未采用这一设计，因为他们坚信指针式仪表最直观，辨认效果最好。正是这种注重实际、以技术领先理念的深入贯彻，使德国汽车成为了永不落幕的经典与高品质的象征。

有人说德国汽车工业能够飞速发展得益于良好的民族素质。为什么这么说呢？德国是世界上第一个实施义务教育法的国家。早在1717年，普鲁士帝国的国王威廉一世就颁布了一项义务教育规定，明文规定所有未成年人不分男女和贵贱都必须接受教育。在德国，如果你询问孩子们未来的理想职业是什么，90%以上的孩子会回答想成为一名工程师，这种情结的产生大概可以追溯到普鲁士时期。位于德国最北部的才特尔镇曾经是普鲁士王国最偏远、最落后的乡村，建于普鲁士时代的才特尔小学至今依然是小镇孩子们读书的地方，同时，它也是全德国保留最完整的普鲁士时期小学博物馆。一张课程表记录了当时的小学生们开设的课程：世界地理、自然、算术以及德语、书法、宗教和体操。在小学实验室里，孩子们还可以接触到最新的自然科学知识。由此可见，在普鲁士时期德国已经非常注重实用教育，而这种教育理念一直贯彻在德国的整个教育体系当中。

1810年，由国家出资，普鲁士的教育大臣、德国的著名学者、教育改革家威廉冯洪堡创办了教学与科研并重的现代大学——柏林大学，当时的国王威廉三世还把豪华的王宫捐献出来作为大学的校舍，同时保证国家必须对教学和科研活动给予物质支持，但是不得干预教育和学术活动。在19世纪以前，科学研究不属于大学的职能，大学的作用仅限于保存和传授已有的传统文化，而柏林大学则将科学研究定为学校的主要追求，提出教学与研究相统一的原则，而这一原则至今仍被推崇为大学治学的指导思想。柏林大学主张

柏林大学

人才自由发展，提出教育要适应自然科学的进步，强调各种学派并存，并鼓励自由竞争，这使得柏林大学拥有了一大批具有真才实学的理论家和科学家。德国唯心主义哲学家费希特、创立了辩证法体系的黑格尔、维新主义学派的代表人物谢林都曾经担任过学校校长，物理学家爱因斯坦、哲学家叔本华、神学家施莱马赫、法学家萨维尼也都曾经在校执教。大师间的起承转合为柏林大学创造了良好的学术氛围，涌现出了哲学家费尔巴哈、著名诗人海涅、铁血宰相俾斯麦，以及共产党理论的创始人马克思、恩格斯等众多杰出的人物，可以说没有柏林大学就没有德国光辉

德国唯心主义哲学家费希特

叔本华

爱因斯坦

维新主义学派的代表人物谢林

柏林大学内马克思与恩格斯雕像

校园墙上镌刻的马克思名言
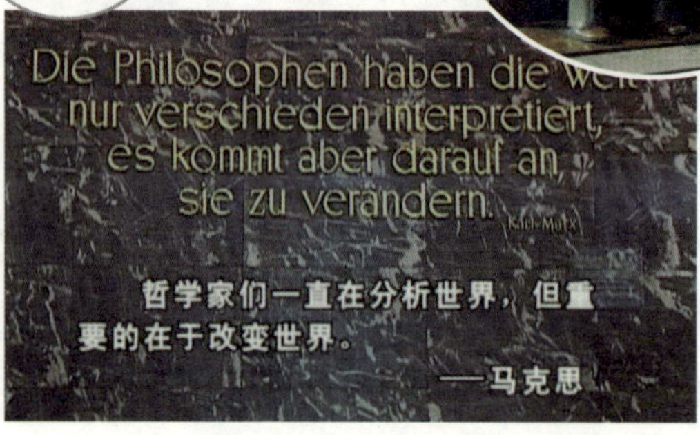

灿烂的文明。今天在柏林大学的墙上赫然镌刻着马克思的名言："哲学家们一直在分析世界，但重要的在于改变世界"。在柏林大学共诞生了29位诺贝尔得主，丰硕的科研成果和充足的人才储备成为德国发展的不竭动力。

随着汽车技术的不断发展和产品的更新，它逐渐改变了人们的生活方式、生活水平乃至生活理念，进而逐步形成了一种独特的社会文化，那就是我们现在标榜的汽车文化。

比起日常开车，德国人更倡导的是一种玩车的态度，例如赛车。说到赛车，我们马上会想到F1，第一次在德国举行的F1大奖赛是在1951年，赛道是非常著名的纽博格林，此后二十多年绝大多数比赛都在这里举行。纽博格林的北赛道始建于1925年，曾经是F1大赛最著名的赛道之一，有着"真理之环"的美誉，由于其长度超常、地形复杂，所以又被车手们称为"绿色地狱"。就在这条魔鬼赛道上有一个人曾经创造过奇迹，他就是德国著名的车手迈克尔·舒马赫。舒马赫在纽博格林共获得过三次F1大奖赛的冠军，这一

成绩至今无人能及。

如果说舒马赫是F1赛道上的英雄，那么他的赛车就是他赢得荣誉的利器。F1绝不仅仅是车手之间的较量，还是顶尖科技之间的角逐与展示，每台F1赛车都代表着制造公司乃至一个国家的高科技的最新水平。F1大赛年收视率超过600亿人次，其曝光率和广告力度是相当强大的。依托这一强大的体育品牌，任何汽车公司都不会放弃推销自己的机会，德国的奔驰、宝马、保时捷等著名汽车公司更是积极参与，不计成本，用尖端技术打造高端品牌形象。每个F1车队的研发中心就像迷你的美国太空总署实验室，有的F1车队一年用于风洞试验的经费就高达1510万美元，为了将赛车平均圈速提高0.5秒，全队几百人需努力工作一年，耗资高达几亿美元。由于这些德国汽车公司将F1作为了一种品牌营销激活手段，所以尽管在这项运动中烧掉了大量的金钱，但换来的却是在民用车市场以及相关产品市场上的超值回报。

F1赛车是世界上最昂贵的、速度最快的、科技含量最高的、商业价值也非常高、最吸引人观看的体育赛事，可以说，跟奥运会、足球世界杯并称为“世界三大体育”，世界各地都有F1的车迷。有一位德国的F1车迷，他是德国汉诺威一位40岁的公务员阿尔恩特，他可以说是一位重度车迷，平时最令他热血沸腾的事情就是观看刺激的F1方程式赛车。这位老兄不仅喜欢看车，他自己也要模仿造车，只不过他造车的材料比较奇特。从2001年开始，他用了将近100万根的火柴、2000管的胶水和七年的时间，在他姑姑的厨房里搭出了一辆F1赛车的模型。更令人惊奇的是，他事先考虑到方便运输的问题，所以这个赛车可以拆成45个小部分；车体的某些部分他用了10层火柴，为了让它足够结实，足以承受一个真人坐进去的重量。由此可见，德国人对于汽车的热爱已经深入骨髓。

我想这可能就是为什么德国的人口只有8000万，但是汽车却多达5000万辆。德国政府为了满足这个庞大的有车族驾驶的欲望、驾驶的快感，他们规定，德国的高速公路除了个别的路段基本上全程无限速。而且还有一个不成文的规定，那就是性能优越的车可以占据道路行驶中绝对的优先权。

德国是世界上最早修建高速公路

汉诺威与他的F1赛车模型

用火柴制造F1赛车模型

的国家，德国高速公路传统上是全线没有速度限制的，但是随着车辆的不断增多，许多经过城镇的路段都先后设立了速度限制，即便是这样，今天的德国仍有50%的路段是不限速的。在德国高速公路上，差不多有40%的汽车时速在140公里以上，而只有时速保持在160公里以上的车辆才有可能长时间地占用超车道，即便是这样，还要不时地给速度更快的车辆让行。在德国开车就是这样，如果你占在最里道一定要注意后视镜，因为经常会有一些人对你闪大灯，速度相当快。在德国的高速公路上，最壮观的场景出现在上下班时间，每辆车都以100公里以上的时速行驶，而且在如此高的车速下车与车之间的距离十分接近，形成了蔚为壮观的钢铁洪流。

在德国开车，会让你感觉自己更像赛车手，但要想在这样的公路上安全

德国高速公路

行驶，则需要具备优秀的驾驶技能和对汽车性能的更多了解，最重要的还必须能自觉遵守交通法规。在德国的沃尔夫斯堡大众汽车工厂旁有一个专门为孩子开设的汽车练习场。在这里，孩子们不仅可以体会到驾驶的乐趣，还能够学习到最基本的交通规则。从小德国的孩子们就要学会怎样去驾驶汽车和了解这些交通标志。

德国的汽车为德国的工业创造了无比的辉煌。其实最能凸显一个民族的传统或者是智慧的莫过于文化，因为它最直观。最能凸显德国传统智慧的文化可能就是汽车文化，它是所有德国文化的代表，代表了德国文化一百多年的积累。德国汽车文化让我们领略到德国人所拥有的精神财富。我们常说德国人的性格特征是“方脑壳”，这话说得有点不礼貌，但意思是说他们太过于严谨。从汽车文化中恰恰能看到德国人将这种严谨发挥到了极致。此外，全民教育为德国培养了高素质的国民，全民的高素养再加上人才方面的充足储备，我们也就不难理解为什么今天德国的汽车工业如此发达了。

ERECTED BY
SUBSCRIPTION
AUSPICES
Subway

美国华尔街

现实意义中的华尔街已经远远超出了它的地理概念，华尔街已经成为美国证券市场的代名词，是全球80%以上金钱的集散地。全世界究竟有多少钱是很难准确统计出来的，但是美国一年的GDP已经达到了15万亿美元左右，大部分资金运行都需要通过华尔街的各个公司来进行周转，可见这条街无与伦比的影响力。

华尔街，世界金融中心

在美国的华尔街金融区曾出现过一次规模非常大的抗议活动，很多蓝领工人、失业者，甚至一些老人聚集在一个公园里，他们矛头指向的是华尔街的高管们。人们举着写有“我们是99%”的标语牌，遣责那些他们认为属于1%的极富有的人群。这些抗议的人群不仅一时间引起了全球媒体的关注，更让其他各国民众觉得很不理解。美国不是一个富有、自由的国家吗？他们为什么抗议呢？华尔街怎么得罪他们了呢？

现实意义中的华尔街已经远远超出了它的地理概念，华尔街已经成为美国证券市场的代名词，是全球80%以上金钱的集散地。全世界究竟有多少钱是很难准确统计出来的，但是美国一年的GDP已经达到了15万亿美元左右，大部分资金运行都需要通过华尔街的各个公司来进行周转，可见这条街无与伦比的影响力。目前，美国的经济低迷，失业人群更是一直维持在9%左右，按照美国的人口计算就是成千上万的失业人数。不仅如此，因为之前处理经济危机的措施不太妥当，全国的养老金收益已经比几年前缩水了很多，原来每年大概有17%的平均收益率，现在连本金据说都保不住了，那些靠养老金生活的老人怎么坐得住呢？过去几十年来美国都没发生过这样的事，如今人们把新仇旧怨全都算在了华尔街的头上。提到华尔街，我们都认为那是一个财富集中到极致的地方。那么，华尔街到底做了什么让它成了全民的公敌？

华尔街是世界的金融中心，不仅影响着美国，更是通过金融这只无形的手影响着整个世界。现在的华尔街每天的交易数额已经超过了13万亿美元，有人说华尔街的影响力远远超过美国白宫的影响力，想想它的交易规模也就不难理解了。华尔街这张遍及全球的金融网络是经过了300年才编织出来的，它的历史甚至比美国建国的历史都要长。现在的华尔街仍然只有500米左右的长度，宽度仅有11米，不仅十分狭窄，而且由于周围摩天大楼的原因让人感

华尔街

华尔街路牌

觉十分压抑。现在除了纽约联邦储备银行外，已经没有一家银行或基金公司将总部设在华尔街了。十几年前，大部分金融机构渐渐地离开了地理意义上的华尔街，搬到了地价更贵的曼哈顿中城，更有些机构干脆搬到了清静安全的其他地方，这改变了华尔街的格局。既然绝大多数金融机构已经搬离了华尔街，人们为什么依然将与金融证券有关的一切称为华尔街呢？原因之一是纽约证券交易所还在那里。就像好莱坞是美国影视业的中心一样，华尔街更是美国的经济金融中心，一百多年来几乎一直抓着美国人的钱袋子，而且是全国多数人的钱袋子。怎么这么一条小小的街道会起到神乎其神的作用呢?

华尔街聚集了很多的工商业、金融业巨头，成为可以代表美国经济的风向标。美国摩根财团、洛克菲勒财团和杜邦财团等不仅逐渐地从那里开始起步开设银行、办理保险，更是从那里远程遥控着全美的航运与铁路系统。整个华尔街在很长一段时间里几乎是整个美国经济运行的中枢神经系统，随着时间的推移，后来又渐渐聚集了全球最知名的投资银行，例如高盛、摩根士丹利等等，还有著名的纽约证券交易所，华尔街不仅是美国金融行业的象征，甚至已经成为了全球金融的代名词。2001年9月11日，位于华尔街附近纽约金融区的世界贸易大厦遭到恐怖袭击，纽约交易所停止交易，这一刻美国经济乃至世界经济几乎停摆，华尔街这个金融帝国的影响力由此可见一斑。华尔街表面上似乎行人稀少，但内部却是热火朝天，而且每天几乎是夜夜灯火通明，各种金融公司成千上万的雇员处理着他们的交易。

纽约证券交易所

华尔街铜牛

华尔街这个金融帝国的势力范围遍布全球，对美国的影响力那就更不用说了。说到美国，我们会马上想到网络和美国电影，说到网络会想到加州的硅谷，说到美国电影会想到好莱坞。操控这两个地方的后台老板是谁呢？我们可能会说出许多名字，但是真正的后台老板就是华尔街的财团老总们，真正掏钱的财神爷。如果没有他们支持IT业，哪会有那么多的VC风险投资呢？如果没有他们的话，好莱坞也不敢一部电影就砸进去一两亿美金。

从建立的那一天开始，美国历史上的每一个关键点华尔街都参与其中，从国家的金融计划、河流的治理、铁路建设的融资，再到美国的航空航天计划，华尔街都发挥了巨大作用，没有华尔街的支持，美国科技产业也不可能会有今天的全球霸主地位。今天，华尔街主导建立了全球14万亿的资本市场，帮助数以万计的企业进行了成功兼并，创立了为数众多的创业风险基金，建立了顺畅的金融交易环境，帮助成千上万的投资者管理他们的财富和资产。华尔街运转了三百年，但它却并不是人为设计出来的，不会只靠一颗种子就能变成现在的金融森林，它的力量不是能够靠一个人的杠杆撬动的。不管阳光灿烂，还是刮风下雨，每天都有世界各地的人们不远万里地慕名前来这条狭小拥挤的街道参观游览。虽然没有名胜古迹，没有青山绿水，但站在那块普通得不能再普通的标志性路牌下面拍照还是让很多人激动不已。或许对于每一个想发财致富的人来说，铜牛就是一个许愿池，希望自己也能牛气冲天、节节高升吧。和真正的许愿池唯一的区别是，那里不准游人投掷硬币，否则每天清扫出的硬币估计也不是一个小数目。

如果说IT业是美国经济发展的发动机，那么华尔街就是让发动机真正能够转动起来的汽油。但是在华尔街的历史当中，它起到的作用其实也并不都是积极的。汽油也有很多的杂质，品质如果不能保持始终如一，发动机的效率就会降低，甚至会损害发动机本身。这样的形容用在华尔街的身上一点都不为过，因为它辉煌的历史上就有过污点。从华尔街上出现第一家金融机构到现在，几乎每十年就会出现一次金融危机。危机爆发原因在于华尔街发展过程中对利润最大化的追求。在华尔街的成长过程中，伴随着巨大的风险隐患，当某个人眼里只有金钱，没有道德约束的恶魔挣脱束缚从潘多拉盒子里跑出来后，一夜之间就会改变很多人的命运，强大的华尔街也会突然变得十分脆弱。

我们来简单细数一下华尔街的几次危机，例如1837年土地投机引发金融恐慌；1907年爆发银行危机；1929年美国历史上最严重的一次金融危机，让美国进入长达10年的经济大萧条。1929年的华尔街承受了太多的希望，承受着不堪重负的压力，几乎摇摇欲坠，就像一只快要倒下去的骆驼，只要加上最后一根稻草，骆驼就会倒下。那么1929年，华尔街这个美国金融界的庞然大物被压垮了吗？

1929年美国经济危机

说起华尔街跟财富之间的关系，首先要说一个有意思的事情。在一部名为《华尔街》的电影准备拍摄的时候，因为金融危机，剧组没钱了，电影不得不暂时搁浅，这件事让导演从心里边开始讨厌华尔街的那些人，但是讨厌归讨厌，电影必须要拍得深入人心才行。这不是问题，因为导演奥利佛·斯通的老爸就是一位股票经纪人。他从小就和那些人打交道，对他们非常熟悉，所以影片的情节几乎刀刀不离后脑勺，直戳华尔街那些道貌岸然家伙们的心窝子，将掠夺别人的财富和反掠夺之间的故事演绎得非常惊心动魄。这部讲述华尔街内幕的电影曾经带给观众极大的震撼，影片不仅深刻地描述了光鲜亮丽的资本家们是如何迷失在金钱里，被一步步腐蚀内心进而失去人生的方向，而且更是展现了华尔街资本市场的浮世绘。

在影片中，“金融大鳄”戈登是一个贪婪成性的人，他有句名言：“贪婪是个好东西，贪婪是件好事，而且它还是合法的。”正是这句经典的台词让很多看过这部电影的人留下了深刻印象。戈登在离开呆了8年之久的监狱后，半是疑问半是自我评价地问自己的女婿：“为什么我蹲监狱的时间比一个谋杀犯都要长？”关键是在这种疑惑和寻找自我的过程中，他开始渐渐地意识到他所伤害过的人远比一个谋杀犯伤害的人更多，后来他将自己在监狱中的反省写成了一本书，试图告诉人们真实的华尔街是什么样子。

一场金融危机之后，华尔街乃至全世界的生存状态都是可以想象的，贫困、绝望，或许还有可能导致地区冲突，乃至于爆发战争。对于导演而言，他其实选择了一个很现实的电影题材，在这个题材之下更是寄托了一种希望，希望那些华尔街的高管们能够意识到自己的问题。但在制造了一次次的金融风暴后，他们真的意识到了吗？华尔街是一条街，更是一种符号、一种颜色，驱使着无数的年轻人投身其中。在续集影片中，导演给雅各布这个角色的定位是让他帮助出狱的戈登尽快地熟悉这个全新的华尔街世界，但是观众很快就发现戈登先生在那个阔别了8年之久的世界中还是那样的游刃有余，因为华尔街的游戏规则还是过去的那一套。在电影拍摄之初，导演曾说过这部电影最大的看点是戈登在出狱之后如何继续地展现他的劣根性。其实导演暗示的是，如果还是由那些人使用原来的游戏规则来统治华尔街，那么美国的经济早晚还会倒霉，大多数人的积蓄仍有可能在一夜之间化为乌有。只是这一次老戈登先生为了东山再起，竟然卷走了亲生女儿的钱。“他们花了几个小时的时间策划了这个案子，夺走了12.2万美元的财富。我每天都为这笔财产费尽心思。当我回来的时候谁在等我？没人。我侵吞了自己女儿的财产。”

在影片中，愚弄与被愚弄这种对立格局一直伴随着剧情的发展，恐怕这才是对人们最大的震撼点。作为一名普通观众，我们是否也会隐约地感觉到自己正是众多被愚弄的人之一呢？究竟是谁偷走了我们的财富？影片中投资者是很容易受愚弄的，像戈登这样的市场杀手们总是像猛禽一样，突然俯冲下来从别人的鼻子底下将财富掠夺走，毫不留情。戈登们的行为是道德败坏甚至非法的，但是他们总是喜欢用几句话自我安慰，以这个世界上最宽松的标准来宽恕自己的行为，例如“没有人会受伤，人人都这么做”，当然还有那句经典的台词“贪婪不是一件坏事”。所以当从业者的道德出现危机，他们行业的危机也就早晚会出现了。

这里的“道德危机”是什么意思呢？就是把你的积蓄交给了我，我却以不负责任的态度对待你的投资。对于华尔街的生态环境有一种关于生物链的说法，生物链的顶端是老板，老板用谎言去骗交易员，让他们按照自己的意愿去搂钱；交易员骗销售和风险管理员，他会说这是大趋势，不会有风险，稳赚不赔；而销售接下来再以同样的花言巧语去蒙骗他的客户。这里大概只有那些研究员、分析师似乎还老实一点，但实际上他们才是最可怕的，堪称金融界的“生化武器”。为什么说分析师是生化武器呢？因为所有这种行骗的模型，比如投资模型、数学模型都是他们设计的。当然不是指所有的人，行骗的总是少数，但是骗到最后骗的是客户，那客户又骗谁呢？肯定还是自己人。中国有句成语叫“击鼓传花”，在阵阵的鼓声中一个绣球不停地被传递着，从第一个人传到第二个人，然后再传递到第三个人，在不停地倒换之间，更多的人参与其中。犹如在众多的投资者中谁都想赶上一次雁过拔毛的机会，但是大雁身上的羽毛早晚会被拔光，击鼓传花的鼓声也早晚会停止。在影片《华尔街》中有一个这样的情节，作为投资银行的大老板萨博尔的所有希望就停在了击鼓传花的鼓声停止的那一刻。在走向人生最后的一段旅程时，他对雅各布说了一段人生感悟，那是他在人生的最后时刻才逐渐体会到的，也是作为雅各布的导师给这个年轻人留下的一段关于什么是人生财富的最终教诲。“把钱花在刀刃上。继续留在华尔街你就会完蛋的。我们会一起渡过难关的，对吗？一切都会好起来的，公司不会倒的。娶盖克的女儿，和

她生孩子，趁孩子还小多和他们相处，因为一切都会改变的。”

影片展现出来的含义非常清楚：财富离不开人生。有时候我们会说：你的人生财富是什么？这种人生财富应该具有很多要素，我们也承认金钱确实是财富的内容之一，但是绝对不是全部。

美国霍华德·休斯

凭着超凡的才能、执着的精神，他一次又一次获得了成功。在现实生活中周围总是有和霍华德·休斯一样的人存在，他们的性情古怪，但是能力超群；他们不太会做人，但是精于做事。借助休斯和他创造财富的故事我们懂得：执着就是一种财富。

霍华德·休斯

执着就是一种财富

对于有钱人来说，流行和时尚总在不断变化着，20年前我们还在臆想私家车的驾照，而今天许多富豪已经开始拥有自己的私人飞机。其实，几十年前的美国开飞机就已经成为富商们的一种时尚。这里我们要说到的人，他不仅酷爱飞行而且还曾经驾驶自己制造的飞机打破了世界纪录，他就是美国第一位亿万富翁霍华德·休斯。

“亿万富翁”这个词对于当今社会来说已经不足为奇了，而在几十年前，拥有亿万资产对于任何人来说都是一个遥不可及的神话，霍华德·休斯却将这个神话变成了现实，他以自己超人的胆识、永不退缩的执着精神屡创财富奇迹，甚至连伴随他一生的强迫症都为这位传奇富豪增添了几许神秘的色彩。2005年由莱昂纳多·迪卡普里奥主演的影片《飞行者》就是以霍华德·休斯为原型拍摄的一部传记电影。这部影片生动形象地向我们展现了霍华德·休斯富有传奇色彩的财富人生。他除了涉足航空业外，还拥有好莱坞的电影业，甚至包括拉斯维加斯的饭店博彩业。据说，在美国，霍华德·休斯的名字就像华盛顿、林肯一样，无人不知。

电影《飞行者》

1905年12月24日，霍华德·休斯出生于美国德克萨斯州的休斯敦。休斯敦是美国南方第一大城市，它不仅是世界著名的

休斯工具公司

美国载人航天工业中心，还是世界上重要的石油工业中心之一，号称“世界石油之都”。在一个半世纪以前，休斯敦还是一个不为人知的荒凉村镇，后来在德克萨斯和墨西哥湾近海发现了石油，人们把它称为“黑色的金子”，进而吸引了大量的移民和投资商人来到这里，掀起了一场淘金热，从此，休斯敦才逐渐成为美国南方金融、贸易和石油工业的中心。

霍华德的父亲

当时，霍华德·休斯的父亲就是休斯敦的淘金者之一，他曾是个石油投机商，后来凭借着一种新式油井钻头专利发了财，成立了休斯工具公司专门生产钻井机，并从中获得了巨大利润。霍华德·休斯就是在父亲事业发达的时候出生的，他是家中唯一的孩子。少年时代的休斯非常

少年时期的休斯

的害羞、孤僻，几乎没有什么朋友。童年时还经常逃学，休斯逃学其实是因为喜欢摆弄各式各样的机械零件，对它们产生了极其浓厚的兴趣。据说15岁的时候，小休斯就驾驶过一架第一次世界大战时期的水上飞机，那次空中飞行让他感觉到了从来没有过的自由，也为他日后成为举世闻名的飞行家奠定了基础。自从有了第一次飞行尝试之后，小休斯对飞行技术着了迷，瞒着父母偷偷报名学习了飞行驾驶。除此之外，休斯还非常喜欢看电影，并对电影艺术产生了浓厚的兴趣。那时候，由于父亲整日忙于事业，小休斯的大部分时光都是与母亲一起度过的。母亲对休斯的影响非常深远，她虽然对儿子宠爱有加，但是严重的洁癖和偏执的性格却给年幼的休斯带来了潜移默化的影响，后来，休斯的一生都受到强迫症的困扰，这与母亲不无关联。

在霍华德·休斯16岁的时候，灾难开始接二连三地降临到这位少年身上。那一年，休斯的母亲在一次小手术中由于麻醉失败而意外去世，两年后休斯的父亲也死于心脏麻痹。父亲留下了约一百万美元的庞大资产，那时候休斯刚刚18岁。父亲的葬礼后，财产的继承成了一个瞩目的焦点。虽然休斯当时已经18岁了，有了继承权，但是亲友们认为他尚未成年，应该选出一个监护人来督导他。为此法院征求他自己的意见，当时的休斯一改往日的羞涩、腼腆，据理力争，不仅取消了监护人，而且用银行的贷款买下了亲戚们应得的财产，成为父亲公司的唯一继承人。休斯最简单、最纯粹的幸福从他父母的去世之后就结束了，而他传奇的一生也就此开始。

霍华德·休斯在少年时期就曾满怀理想地宣称自己将成为世界上最优秀的飞行员、最了不起的电影人及最有钱的富翁。为了实现梦想，霍华德·休斯搬到了洛杉矶，准备进军美国电影界。

洛杉矶位于加利福尼亚州西南部，是美国的第三大城市。在洛杉矶市的西北13公里处就是世界著名的电影之都好莱坞。美国电影业原本起源于纽约，但制片商们很快发现好莱坞风和日丽、景观丰富，更适合制作电影，于是制片商便纷纷开始向这里转移。1911年，好莱坞建立了第一家制片厂，到了20年代形成了米高梅、华纳兄弟等几大电影公司，从此好莱坞开始声名鹊起。20年代中期，霍华德·休斯在好莱坞建立了自己的电影公司，并且酝酿了一个大胆的计划，他要拍摄一部比实战还要刺激、还要壮观的空中大战片，片名为《地狱天使》。

拍摄《地狱天使》这个想法源于休斯的突发奇想。有一次，他驾驶着飞机在天空盘旋时突然有了一个想法：拍摄一部表现空战的片子一定会大受欢迎。但是当时没有像现在这么发达的电影特技，所以他又突发奇想准备用真正的飞机拍成比实战还要刺激的空中大战，去买法国和德国的战斗机，导演认为他疯了，用模型可以完成的事情为什么要用实物呢，为此导演辞职了。休斯决定自己来当导演，那一年他才22岁。在拍摄《地狱天使》的过程中，霍华德·休斯显示出了对飞行的极度狂热。他租用了87架战斗机，成为当时世界上最庞大的私人飞行队。除此之外，他还聘用了100多名飞行员、2000名

好莱坞

电影《地狱天使》

临时演员，摄影师人数之多几乎占到好莱坞摄影师总数的一半。休斯全心全意地投入到《地狱天使》的拍摄中，似乎完全忘记了金钱的价值，他的做法使整个美国电影界都为之震动。霍华德·休斯在电影艺术上精益求精、执着地追求完美。在拍摄俯冲轰炸场面时为了达到逼真的效果，他要求飞行员从距地面30米高处冲下去，撞在地面上爆炸燃烧，飞行员没有一个人愿意干，谁都知道这是在拿自己的性命开玩笑，而休斯却说我来飞给你们看。为了能够让电影看上去真实生动，休斯决定亲自来演绎这个高难度的动作，但是没想到当飞机在向地面俯冲的时候突然翻了个跟头就呼啸坠地了，人们当时认为休斯必死无疑，但是他却从燃烧的飞机中爬了出来，而且看上去身体没有大碍。可事实不是这样的，这次事故让休斯患上了严重的脑震荡，据说他前额受到的剧烈外伤也影响了他大脑的思维判断能力，所以后来他会一直纠结于思考一件事到底是对的还是错的，也就是说，从那时起他就患上了强迫症。不过，初期他的强迫症还没有给他的工作带来太大的影响，两年之后耗资巨大的《地狱天使》制作完成了。

然而就在《地狱天使》拍摄完成并即将发行的时候，美国影坛上出现了最早的有声电影，并迅速成为时尚，而《地狱天使》则是一部无声电影，为了弥补这一缺憾，霍华德·休斯当即决定重拍影片中的大部分镜头。为了达到最佳效果，休斯还炒掉了具有浓重挪威口音的女主角，换上了口音纯正的简·哈露。在前后两次拍摄过程中，霍华德·休斯对《地狱天使》里的许多场景进行反复试拍、重拍和剪接。据说当时剧组使用的胶片长达77万米，而最终剪辑成片的不过是其中的百分之一，在好莱坞创下了片比的最高纪录。最终这部耗资八百万美元的影片杀青了。1930年6月，在电影首映式当天，50万人来到现场，整个洛杉矶发生交通大堵塞，《地狱天使》以空前的庞大空战场面成为20年代最伟大的影片之一，休斯的名字也被记入美国的电影史里。

为了追求更加完美，他开始向下一个目标奋进，那就是航空领域。据说当时他已经立下誓言，不仅要制造飞机，而且还要亲自驾驶自己制造的飞机去打破世界纪录。1932年，他宣布成立自己的飞机公司，之后就在公众的视野当中消失了，没有人知道他去了哪儿。原来休斯独自前往德克萨斯州，并用化名在美国航空公司当了一名行李搬运工，他不仅送饭、送水，与乘客聊天，还给飞行员当助手，干活勤勤恳恳。几周后他晋升为飞机副驾驶，很长时间休斯都隐姓埋名，但最终他还是被认了出来。其实他这么做只是为了想去了解一下航空公司是如何运作的，后来他果真买下了一个航空公司——环球航空公司。

《地狱天使》主演 简·哈露

身份暴露后他返回了加州，这一次他真的开始制造飞机了。他首先要造的是一架竞速飞机，就是让飞机的速度越飞越快。飞机的设计运用了

在航空公司当行李搬运工的休斯

很多创新的理念，比如无缝的机身，还有可收式的起落架，这架飞机展示了休斯的天赋。1935年9月12日，霍华德·休斯第一次驾驶着这架竞速飞机试飞，就打破了飞行时速的世界纪录。直到现在这架飞机仍然保存在华盛顿的斯密逊航空博物馆里。休斯对自己取得的成就从不满足，总是朝着更高的目标冲刺，他一直梦着做一次横跨美国大陆的飞行，1937年，休斯驾驶着改进的机型开始实现自己的梦想之旅。他从洛杉矶机场起飞，第二天凌晨休斯终于平安到达了纽约，所用时间是7小时28分25秒。在当时，美国无论哪一种飞机横跨美国大陆飞行都要9小时以上，休斯的纪录是其他航空公司望尘莫及的，这项飞行纪录保持了七年之久，为此，霍华德·休斯还获得了当时美国总统亲自颁发的航空成就奖。不久以后，休斯又创造了横越大西洋和环球飞行的两项世界纪录，成为当时闻名遐迩的飞行英雄。

记得一位美国诗人曾经这样说过：其实人们在大部分的生命历程当中，拥有的只是一些无意义和琐碎的经历，生命的真正意义在于能够激起至高快感的那短短的瞬间。就像这位诗人所描述的，为了这短短的瞬间，休斯一次又一次地起飞，将渺小的生命置于巨大的风险之中，求得极致之乐，这已经成为他无法克服的一种冲动。就在休斯一次又一次进行冒险飞行的同时，

休斯制造的竞速飞机

他的石油钻井机和电影事业仍在为他创造大量的财富。没有人知道他是什么时候对美国环球航空公司的股份发生兴趣的，到1937年前后，休斯已经拥有这家公司87%的股份，他的加盟迅速使摇摇欲坠的航空公司扭亏为盈，继而风光数十年，而霍华德·休斯也因此成为了美国第一位亿万富豪。到了60年代，休斯又把目光投向了宇宙航行和导弹技术研究领域，并开发了一系列高新科技的尖端产品。1966年6月，美国发射的第一艘无人太空船登上了月球，引起了全世界的瞩目。这只太空船的制造者是谁呢？不是别人，正是休斯飞机制造公司。

不得不提的是，这位拥有多家公司的富豪非常的与众不同，为了追求自己事业的成功从来都不惜代价、不惜成本、慷慨大方，有的时候简直是挥金如土。可是这位举世闻名的亿万富豪却不愿在吃喝玩乐上耗费过多的金钱。他的公司从来不设立自己的私人办公室，连打电话据说都用公司外面的公用电话亭。穿着打扮方面，他跟公司里的普通员工基本上没有太大的差别。有一次他驾驶着私人飞机去外地，中途遇到了恶劣的天气，迫降在一个小镇，他不得不去找人帮忙，结果被当地警察扣留了，扣留他的原因是警察觉得他穿得太破烂了，简直像一个可疑的流浪汉。休斯并不专注于享受豪华舒适的

休斯获得航空成就奖

物质生活，而是将他的全部精力寄托在自己所喜爱的事业上。

霍华德·休斯把自己热爱的事业看得高于一切，他总是锲而不舍地钻研、不畏艰辛地拼搏，抓住机遇、险中求胜、屡创奇迹。他在企业经营管理、拍摄电影、航空等领域都作出了非常卓越的贡献。虽然事业的成功为霍华德·休斯赢得了巨大的荣誉和财富，但是他也为此付出了沉重的代价。

为了挑战飞行极限，休斯的一生曾遭遇过多起飞行事故，并且身受重创。最严重的一次是1946年7月，霍华德·休斯驾驶的飞机发生了事故，撞毁了三栋房屋并引燃大火，在这次事故中他折断了多根肋骨并大面积烧伤，直到他去世时颅骨内还残存着事故中的金属残片。受到这么严重的创伤会终身受到疼痛的折磨，病痛在损坏休斯神经系统的同时，也让他产生了严重的麻醉药依赖，身体的创伤再加上严酷的竞争压力，休斯的强迫症日益严重。当时人们对强迫症这种疾病知之甚少，所以休斯也没有得到及时的治疗。据他的朋友说，霍华德·休斯在吃豆子的时候对豆子的大小非常的介意，他要用一把特殊的叉子，就像卡尺一样把豆子按照大小排序之后再一个一个地吃掉。还有，他强迫自己不断洗手消灭细菌，经常把自己关在房子里，因为他整日惧怕的是细菌和病毒会乘虚而入，开门的时候都要在把手上垫六七层面巾纸，休斯为此曾一度被传为是个怪胎。由于母亲死于麻醉过程中的细菌感染，所以霍华德·休斯的一生对细菌有着本能的排斥，随着强迫症的日益严重，他的“抗菌之战”愈演愈烈。为了防止细菌和病毒的入侵，休斯无论接触任何东西都坚持垫上多层卫生纸，雪片般的卫生纸覆盖了休斯的整个房间。到了晚年，为了让自己处于无菌地带，休斯经常把自己幽闭在房间里，很少与外界接触，甚至连衣服也不敢穿，常常全身赤裸地坐在沙发上看电影。

尽管休斯有着常人难以想象的各种怪癖，在许多美国人的眼中休斯仍然是美国精神的代表，因为他坚持不懈、为所欲为，对速度和美女的追求永不休止。作为一位英俊的富豪，霍华德·休斯的情感经历也如同他的事业一样精彩纷呈。早在1925年，20岁的休斯就已经结婚，不过这段婚姻只持续了3年的时间，直到50岁以后休斯才与自己的情人之一简·彼得斯结婚。而在两次婚姻之间30多年的单身时光里，霍华德·休斯的名字始终与好莱坞女明星的名字联系在一起，他像收集飞机一样收集各种各样的美丽女人。曾经有一家

休斯情人之一简·彼得斯

八卦杂志统计报道，在某一段时间内，休斯在洛杉矶就藏有164个女朋友，而杂志出版的当天，休斯派自己的手下将这一期的所有杂志全部买空。休斯和女人之间发生了很多的故事。休斯征服女人的武器很多，比如鲜花、首饰、美酒、甜言蜜语、浪漫的飞行，还有豪华的游艇，再加上休斯英俊的容貌、巨额的家产，那些佳丽们就像苹果坠向地心一样地纷纷落入他的怀里。

这些故事让人觉得霍华德·休斯好像沉迷于女色，但实际上不是这样，霍华德·休斯把事业看得高于一切，全心全意地投入、执着地追求，这在资产阶级上层社会的年轻人当中已是凤毛麟角了。50年代以后，休斯公司已经发展成为同时涉足石油、航空、电影等领域的庞大商业帝国。到了晚年，休斯还与拉斯维加斯结下了不解之缘，继续演绎着休斯的财富神话。1966年，随着健康状况的急转直下，霍华德·休斯开始脱离繁花似锦的大都市，在渺无人烟的沙漠地带过起了隐居生活，这片沙漠就是美国当今举世闻名的不夜城拉斯维加斯。

拉斯维加斯是美国内华达州的最大城市，是一个以博彩业为中心，集购物、度假产业于一体的旅游胜地。西班牙语里“拉斯维加斯”的意思是“肥沃的草场”，因为在一百年前，拉斯维加斯还只是一小片被一望无际的沙漠包围着的绿洲。可是，百年时光竟将昔日的荒芜装点成了今天的繁华景象，而这一转变与霍华德·休斯的商业眼光是分不开的。

说到休斯跟拉斯维加斯的渊源，就要从休斯搬进当地一家酒店的豪华套房开始说起。当时他入住的这家酒店叫做沙漠客栈，他要租顶部两层的套房，可是由于圣诞节就要到了，很多豪客其实已经预定了这些套房。酒店当时只答应让休斯住6个星期，到时间必须腾出来，但是休斯一住却不走了，不愿意搬出来，最后干脆以双倍的价格将沙漠客栈这家酒店买了下来，这就是

天才富豪改写拉斯维加斯历史的开端。

当时，尽管受到强迫症的困扰，但是休斯却看到了这个小山村的希望，他立志要把这里改造成一个聚集社会名流、豪车、珠宝的不夜城，在接下来的几年里，霍华德·休斯在拉斯维加斯疯狂地收购土地，最后他成为了这座城市最大的地主。由于休斯的巨额投入，让很多人看到拉斯维加斯存在着希望，所以很多大企业相继跟进投资，拉斯维加斯从此走上了集团企业繁荣发展的轨道。为了使拉斯维加斯迈向成功，休斯花费了大量的精力，而他的精神与身体状况却每况愈下，尽管身边有好几位高价雇佣的私人医生，但是他却很少配合治疗。他经常失眠，有时全身习惯性阵痛，到了夜晚，必须注射一种含有毒性的麻醉药才能使疼痛得到缓解，事实上，那时候的霍华德·休斯已经变成了一名毒瘾患者。尽管如此，在沙漠地带的秘密角落里，休斯仍然关注着美国市场经济的各种变化，积极地参与企业界的激烈竞争。他经常冥思苦想，为自己的各个企业进行精密策划，通过电话给他的代理人发出各种指示，事无巨细，这使得休斯的财富帝国始终稳如泰山。美国一位舞蹈家曾经这样说：我意识到富贵和荣华都不能使人满足，对于有钱人来说，在生活中做出有意义的事情，虽然困难但最有价值。这句话用在霍华德·休斯的身上恰到好处，因为他克服了有钱人的困难，在很多领域都作出了非凡的成就。

1976年，身体极度虚弱的休斯准备乘坐飞机回到家乡休斯敦进行疗养，但是这个愿望却没有实现，他病死在飞行的途中，也许这正是休斯期盼的一种结束方式。他一生最爱的始终是飞行，至死都是一名飞行者。休斯没有后人，在他去世后，根据他的遗愿，他拥有的数十亿美元的资产都捐献给了休斯医学研究基金会和其他的科研机构、高等学校以及社会福利团体等。对于飞行和电影，休斯和他说过的每一句话在那个时代都曾被称为疯人疯语，但是凭着他那种超凡的才能、执着的精神，他一次又一次地获得了成功。在现实生活中，我们能看到周边总是有和霍华德·休斯一样的人存在，他们的性情古怪，但是能力超群；他们好像不太会做人，但是精于做事。休斯和他创造财富的故事使我们认识到：执着就是一种财富。

以色列的苦难

以色列人不仅在教育、农业、军事方面居于世界领先的地位，在其他的领域以色列人、犹太人也取得了很多世界第一的傲人成绩。这要归功于他们曾经饱受的苦难，没有苦难可能就没有他们今天的强盛。

以色列，苦难造就的强国

说到财富经常会让人想到钱，那么什么才是人类真正值得珍惜的财富呢？

下面要讲到的是以色列与财富的故事。说到以色列，大家马上会想到犹太人，但说到犹太人却让我们心里很沉重，在二战中，有将近600万的犹太人付出了生命。但是犹太人里出过很多名人，比如马克思、爱因斯坦、毕加索都是犹太人，再比如美国的前国务卿基辛格，还有著名的大导演斯皮尔伯格，他们俩的名字中都有“格”字，他们也是犹太人。实际上犹太人为我们人类历史的发展作出了很多贡献，比如农业上，犹太人发明了滴灌技术；军事上，犹太人发明了导弹的拦截技术；医学上，他们研制出了青霉素，挽救了很多人的生命。那么犹太这个民族为什么那么具有实力呢？答案就是苦尽甘来，不经历风雨，怎么见彩虹？就是曾经的苦难让他们有了今天的成绩。今天我们把目的地选在了以色列，这片犹太人的故土。

以色列1948年建国，它是一个位于西亚巴勒斯坦地区的国家，紧邻地中海。在这个面积只有中国1/650大小的地方，人均GDP竟然是2.8万美元，几乎是中国的7倍。以色列的人口约780万，主要是犹太族群，它是世界上唯一以

犹太人为主体的国家。

虽然以色列从建国至今只有60多年历史，但生活在这片土地上的犹太人的历史却有4000多年，在漫长的历史中，他们究竟遭受过哪些苦难？在苦难的背后他们又是怎样自我反省乃至取得了今天的成绩呢？

犹太人的苦难大概包括三次。第一难就是埃及流亡四百年。这要从4000年前说起，公元前的19世纪有一个叫做迦南的地方，这里物产丰富、土地肥沃，后来有一个渡河而来的族群驻扎了下来，这一族群被称作希伯来人，“希伯来”意为渡河而来的人，也就是今天说的犹太人，迦南就是现在的以色列。找到了迦南这个好地方，希伯来人是否可以安心地好好生活了呢？老话说得好，天上没有掉下来的馅饼。公元前18世纪，一场无法预料的灾难悄然而至，这场灾难从此改变了希伯来人的命运。迦南连续5年遭受了历史上少见的干旱，希伯来人被迫流浪到埃及尼罗河三角洲，沦为了法老的奴隶。

在埃及的以色列人

他们必须天天干活，经常挨打，不给饭吃，不让睡觉，过着生不如死的日子。正当希伯来人惨遭埃及法老凌辱的时候，一个伟大的民族英雄诞生了，他就是摩西。公元前15世纪，犹太人在摩西的带领下克服重重险阻终于逃出了埃及，最后回到了迦南。后来，他们第一次有了属于自己的国家，当时的首领大卫以耶路撒冷为都城，建立了希伯来王国。说到大卫王，一定要提到他们国旗中那个著名的犹太六角星，它是由一个正三角和一个倒过来的三角组成的。为什么叫做大卫星呢？因为大卫王在打败哥利亚大力神的时候，他的军队所用的盾牌就是六角星的形状。后来六角星成了犹太人守护神的符号。但如果仔细去查这个六角星的历史，据说早在印度时期就有这样的符号了。或许，苦难和流亡就是犹太人的宿命。希伯来

摩西

大卫

六角星旗

王国就像昙花一现一样，在经历了短暂的繁荣后很快就消失在了历史的长河中。

没有了国家，迦南这块地方就成了各国争夺、抢掠的对象，而生活在这片土地上的犹太人也应验了那句老话“人如刀俎，我为鱼肉”，他们经历了最悲惨的第二难——罗马血腥大屠城。公元前64年，这片土地成为了罗马人的控制范围，犹太人遭到了罗马帝国的血腥镇压。到了公元70年的时候，有一批犹太人退居到了马萨达要塞，为了不想当罗马人的奴隶，900多名犹太人集体自杀。第二天冲进要塞的罗马人看到了几百具尸体和一座空城。马萨达沦陷后，犹太人离开了他们的故土，开始了将近2000年的世界性大流散。

马萨达的遭遇还不算是最悲惨的，更悲惨的是第三难。在流散期间，犹太人遭到纳粹的大屠杀，被杀掉了600万人。从公元13世纪开始，由于犹太人的宗教信仰和本民族性格的原因，世界上有30多个国家开始反犹。第二次世界大战期间，希特勒在掌握德国大权之后随即也参与到了反犹的行列中。1942年，德国纳粹通过了最终解决方案，决定对犹太人进行大规模种族灭绝，专门建造了多个集中营，用以高效率地屠杀犹太人。

在著名的奥斯维辛集中营，仅1943年一年里纳粹就用火刑和毒气处死了250万犹太人，甚至用犹太人的人皮做灯罩，用人油做肥皂，用头发编织毛毯，几乎每天都有大约6000人被残忍地杀害。这段惨痛的历史被记录在耶路撒冷的大屠杀纪念馆里，有些被屠杀的犹太人有照片，有些有名字，被收录在大屠杀的名册中，而还有些犹太人是没有留下姓名的，只在名册中保留了空位。

人名纪念堂是大屠杀纪念馆最核心的部分。将近10米高的圆锥形顶棚，开口朝天，上面挂满了300万遭屠杀的犹太人姓名和部分人的照片，这些照片在时刻警示后人要记住那段最悲惨的历史。以色列人在修建纪念馆的时候就发誓要找到每一个被屠杀的犹太人，找到他们的名字，找名字的工作直到现在仍一直在进行，为的是把那些死难者被剥夺的身份和尊严找回来。

尊严来自于实力。这些惨痛的经历告诉犹太人，只有他们自己强大了才能不被欺负。但是强大的首要条件是什么呢？就是要有共同的语言、共同的家园。共同的语言，说简单一点，就是让散落在全世界的犹太人重新说祖先的语言——希伯来语。这就好像中国古代的秦始皇，统一天下之后做的第一件事情就是统一文字、统一货币、统一度量衡。只有统一的语言才能使这个民族更有凝聚力，更有共通的认同感，才能让这个民族保有延续性。那么希伯来语这种已经消失了2000多年的语言是怎样复活的呢？

2000年前，罗马人把犹太人逐出家园，流落到世界各地。从此，犹太人使用寄居国的语言，导致希伯来语逐渐消失，到了公元200年时，希伯来语已经完全消失。后来，在一个叫做埃里泽·本·耶胡达的犹太青年的提倡和推广下，历经几十年的努力，消失2000多年的希伯来语不但成功复活，而且成为了以色列的官方语言。如今，希伯来语已经完全走出了坟墓，走进了犹太

奥斯维辛集中营

大屠杀纪念馆内遇难者照片墙

耶路撒冷的大屠杀纪念馆

希伯来语报纸

人的生活中。在当地的一家书店，希伯来语的报纸、学龄前的儿童读物随处可见，还有中国印刷的希伯来语读物。让我们假想一下，如果时光可以倒流，现代以色列人仍可以听懂2000多年前祖先的对话，这可能是世界上绝无仅有的一种奇迹。

其实希伯来语的传承最主要体现在他们的教育体系当中，让孩子们来保卫、坚守和传承这种祖先的语言。人们常说孩子是祖国的未来、民族的未来、家庭的未来，未来是否强大主要取决于对孩子们的教育。以色列建国后，国家

一直把犹太民族的教育放在首位，下拨的教育经费非常多，教育文化部的预算仅次于国防部。只要有10名以上学龄儿童，地方上就会积极筹集资金，想方设法地办一所学校。全国只要是6～18岁的青少年都享有免费的义务教育。除了来自学校的教育，还有一个重要的方面就是家庭教育，热爱知识、重视教育是犹太人的一个非常显著的特点 。犹太父母开始教孩子读犹太经典时，为了让孩子对书产生兴趣，会在摆放书的位置放一些蜂蜜，目的是让孩子们从小知道知识和智慧是甜蜜的。甚至在过安息日的时候，他们也不忘学习。安息日是犹太人结束6天的工作后，停下来休息的日子。无论多忙，无论相距多远，犹太人都会在这一天和家人们聚到一起。

当地人说，安息日虽然表面上看是种家庭聚会，但实质上却有着更深刻的含义。安息日的聚会对于他们来说非常重要，每次聚会都要在一起坐很长时间，大概四五个小时，每个人都要说说自己在这一周做了什么。每个安息日人们都要去会堂读《圣经》（旧约）里的一段章节。在会堂里会专门有个人注视着你诵读完这一段。在去犹太会堂之前，家庭中的丈夫要提前学习《圣经》（旧约），尤其是要读的这一段，然后给全家人讲大概的意思。在犹太人的家庭中，丈夫通常是家庭的中心。犹太人就是这样通过在安息日的反思和学习，用在这期间积蓄起来的能量满怀信心和希望地去迎接新的一个星期的工作和学习。可以看得出来，安息日对于每个家庭来说都是一种交流和学习的机会。在安息日，所有的商店、饭店、娱乐场所基本上都会关闭，交通全部中断，司机们在安息日都会说：我不会摸汽车，我不开车。

安息日严禁走亲访友，但是有一点是允许的，那就是读书，买书也可以。联合国教科文组织曾经做过一项调查，数据表明以色列人拥有图书馆、出版社的数量居世界第一，是各国之首，数据显示以色列全国公共图书馆、大学图书馆加起来有1000多座，14岁以上的以色列人平均每个月要读一本书。全国有近30家报刊社，分别用15种语言来出版。以色列总人口大概有500万，而国家报刊的数量达到了900种。

《圣经》

国家和家庭的双重努力使以色列的教育走在了世界的前端，以色列的大学是公认的世界一流大学。带着一些好奇，我们走进了耶路撒冷的希伯来大学，在校园里，我们遇到了一位名叫加迪的犹太大学生。他很热情地为我们做向导，意外的是他居然是个中国通，关于学习汉语还有一段特殊的经历：“那次在中国旅游的时候，我不会说汉语，只会说你好、谢谢之类的话。我坐火车从成都到昆明20多个小时，火车满满的，很挤，有2000多人。有2000多个人就有2000多个故事。一个人要坐20多个小时的火车，这不是寻常每天都会发生的事，但我无法跟他们交流。坐在我旁边的人对于我是另外一个完全不同的世界，他为什么从成都到昆明去呢？我不知道。于是我觉得应该学汉语，跟这些人谈一谈。”加迪告诉我们，现在希伯来大学有200名学生和他一样在学习汉语和中国文化。讲到这里，我们冒昧地向加迪提出了一个要求，希望他能带我见见学习汉语的同学。刚进入教室，为了能让彼此有所了解，在老师的带领下全班同学轮流做起了自我介绍。“我的希伯来语名字叫苏萨娜，我学汉语是为了有工作、有钱可以买好吃的，可以玩。”“我叫米卡拉，我学习汉语因为我很喜欢语言，我真的很喜欢中国文

化。”“我学汉语因为我有一天要去中国。”就这样，犹太学生们用着我们的母语在介绍着他们自己，言语间能强烈地感受到他们对中国的向往和热爱，这种和中国的深厚情谊或许是在大屠杀时期建立起来的。

犹太人大力发展教育，让自己从思想上强大起来。但是千万别忘了，一个国家、一个民族的强大和强盛也需要一些客观实力，比如说农业生产。在1948年，犹太人终于回到了他们离别已经2000多年的故土，建立了以色列国。然而他们却面临一个严峻的问题，就是这块将近北京城两倍大小的土地竟然70%全被沙漠覆盖。在水资源严重匮乏的恶劣自然条件下，犹太人还有发展农业的可能吗？为了让农业得到迅速发展，以色列大面积推广一种基布兹模式。“基布兹”在希伯来语中就是共同屯垦的意思，它是建立在生产资料公有制基础上的农业公社或集体农庄，更通俗一点说，就是共产主义公社。恩戈地基布兹坐落在死海的西岸，绿色的植被、苍翠的树木与背后的山峦相互映衬，使人如同置身于鸟语花香的世外桃源。正如你所见，那些漂亮的花都来自非洲，高大的灌木都来自阿拉伯半岛。所有这些树都是这里的宝贝，对这里都非常重要，因为如果没有这些树木，这里就只剩下荒漠了。当地人告诉我们，建国初期这里还是一片不毛之地，人们根本不知道什么植物适合在这里生长，就从世界各地引进各种树木培育，优胜劣汰，于是，如今的恩戈地基布兹便成了一片具有异域风情的植物园。

以色列大约有300个基布兹，而以色列只有不到5‰的人是基布兹的成员，但就是这些人为以色列的农业、工业和经济创造了20%的财富。每一个基布兹的成员为社会作出的贡献都是以色列其他人的10倍，甚至20倍。如果想加入基布兹，种族、肤色、性别、信仰都不是障碍，只要来这里干2年的活，得到多数人认可，便可以享受同基布兹成员一样的待遇，从衣食住行到医疗养老，甚至旅游基金，基布兹都会免费提供。

其实以色列农业的强大还要归功于另一项成果，就是以色列发明的滴灌节水技术。这项技术非常先进，充分利用了现有的水资源，将大片的沙漠变成绿洲。具体带来的好处，数字是最能说话的。第一，它节水50%～70%，同时还有另外一个效应，能让农作物增产300%。另外，在整个以色列农业

特拉维夫

生产当中，使用这种滴灌节水技术的大概占到70%。它的水的最高利用率太可观了，只有5%的水可能被浪费掉，95%都会被充分利用。这种技术让以色列人非常骄傲，目前这种技术已经推广到全球109个国家和地区。滴灌技术是目前世界上最有效益的灌溉方式，它将供水管直接放置在植物附近，使水能够直接渗入到植物的根部，并根据植物生长的需要控制水的流速，这不仅避免了浇灌和喷灌对水资源的巨大浪费，而且可以使植物得到合理的水量，增加产量。掌握了先进灌溉技术的以色列人，向沙漠要土地已经不再是一句口号了。正是有了这些先进的技术，以色列成为了农业强国，全国可耕地面积不到5000平方公里，农业从业人员占全国劳动力的5%，但是却为以色列提供了90%以上的食物。

滴灌节水技术

以色列人深深知道要想强大起来、不挨打，只有发展强大的军事力量。在以往的战争当中，最能体现以色列军事力量的是六日战争。在1967年6月5日，以色列凭借着强硬的空军战斗力量在短短6天之内就摧毁了阿拉伯空军联盟，对方伤亡近6万人，而以色列的伤亡不足1000人。当然，这只是一种战斗力的表现。以色列的军事力量之所以如此的强大缘于它的兵役制度，世界上恐怕从来没有一个国家像以色列那样全民皆兵。以色列的士兵说，他们一入伍便从部队得到一支步枪和一本《圣经》。此后的三年里他们都枪不离身，必须24小时随身携带装有弹药的枪支，即使是休假和探家也不例外。所有的这一切只为防患于未然，这也就是能在以色列的街头随处可以见到背着枪的士兵的原因。

以色列人不仅在教育、农业、军事方面居于世界领先的地位，在其他的领域，以色列人也取得了很多世界第一的傲人成绩。比如在思想领域，出现了一位伟大的共产主义导师——马克思；医学领域，他们发现和发明了青霉素、合成氨等等；在科学领域，有相对论的创始人爱因斯坦，还有“氢弹之父”特勒等。其实取得了这么多的成绩，一定要归功于他们曾经饱受的苦难，没有苦难可能就没有他们今天的强盛。

以色列士兵

造梦空间之电影

如果有一扇门可以进入到电影中的世界生活的话，相信所有的人都会努力去寻找开启这扇门的钥匙。

电影，一个造梦的空间

2010年有部电影很受追捧，它就是《盗梦空间》。很多人喜欢这部电影是因为它可以带领人们在梦境和现实之间游走，仿佛可以真实地感受到那种半梦半醒的状态。估计也只有电影这种表现形式才可以让我们在视觉上、听觉上同时享受到身临其境的感觉，甚至可以说，电影本身就是一个造梦的空间。前苏联的著名导演安德烈·塔可夫斯基说过：“如果有一扇门可以进入到电影中的世界生活的话，相信所有的人都会努力去寻找开启这扇门的钥匙。”从安德烈的话中，能看出电影对于大家来说有多么重要的意义。就让我们一起跟着电影去旅行，感受造梦的魅力。

《盗梦空间》

虽然电影只有短短100多年的发展历史，但却是发展最为迅速的行业之一，到目前为止，全世界生产的电影有2000多万部，而且这个数字每天都在刷新。电影已经拥有了爱情、喜剧、歌舞、动漫、恐怖、科幻等20多个门类，这使我们对电影有了更多的选择。电影不仅种类繁多，世界各地的电影节也是百花齐放。当今全球电影节的数量多达360个，一年中几乎每天都有电影节，其中最为出名的就是美国奥斯卡金像奖、法国戛纳电影节、德国柏林电影节、意大利威尼斯电影节和中国的金鸡奖、百花奖电影节。除了电影的种类和电影质量发展惊人，电影中的科

《黑客帝国》

技含量也站在世界科技发展前端的。人们对电影欣赏口味的不断提高，促使了电影科技的进步，也推动着世界综合科技的发展。有这样一种说法：如果你想知道某一个时期的科学技术有多高，看那个时代的电影就知道了。这句话能让我们看到电影的科技和世界的科技之间唇齿相依的关系。

表示电影的英文单词有两个，一个叫做Movie，另外一个是Film。Movie这个单词拆开看的话先是mov，就是活动的意思，而后面的ie是小的意思。电影刚诞生的时候，人们看到屏幕上有一堆活动的小人，就给这种影片起名为movie，意思是会动的小人。Film是胶片的意思，因为电影基本上都是用胶片拍摄的，所以后来就被替代作为电影的一个代名词了。其实最开始的时候，电影是由科学家发明的，如果要问是哪个科学家发明的，还真不好回答，因为这个问题恐怕会引起国际矛盾。如果问美国电影界的人这个问题，他们会异口同声地说电影是爱迪生发明的。但是如果问法国电影界的人的话，他们则会说是卢米埃尔兄弟发明的。那么到底谁是电影的发明者呢？为什么两个国家的人说法不一致呢？

美国的发明家爱迪生和法国的卢米埃尔兄弟其实都是电影的发明者。这要从1829年说起。那年，比利时著名物理学家约瑟夫·普拉多发现，当一个物体从人的眼前消失后，该物体的形象还会在人的视网膜上停留一段时间，这一现象被称为“视象暂留”原理。普拉多根据这个原理发明了诡盘，它能够让硬纸盘上的画面因转动而活动起来，诡盘的出现也标志着电影的发明进入到了科学实验阶段。1894年，爱迪生发明了电影视镜，他将拍摄的影像在纽约公映，轰动了美国，他利用胶片的连续转动造成了活动的幻觉，可以说是最原始的电影，他的电影视镜传到中国之后被称之为西洋镜。到了1895年，法国的卢米埃尔兄弟在爱迪生的电影视镜基础上研制成功了活动电影机。同年12月28日，他们在巴黎的卡普辛街14号咖啡馆里正式向社会公映了以《火车到站》为首的12部纪实短片。由于他们是第一个利用银幕进行投射式放映电影的人，摆脱了电影的试验阶段，所以这一天也被定为电影诞生日，卢米埃尔兄弟被称为“电影之父”。

诡盘

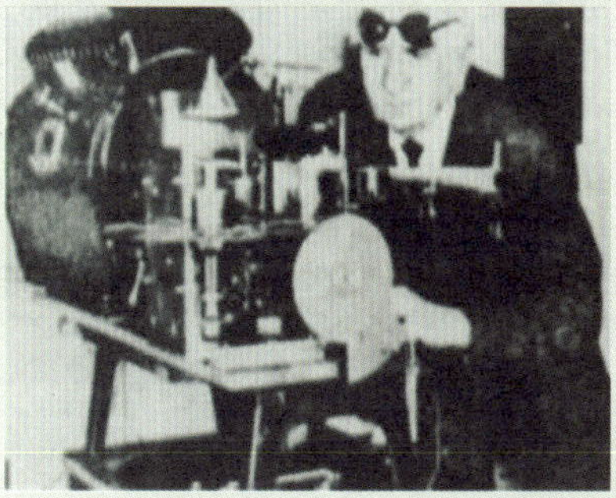

爱迪生的电影视镜

看到这里，大家可能会为爱迪生叫屈，凭什么卢米埃尔兄弟被称为“电影之父”，爱迪生的发明是在他们之前的。这

《爵士歌王》

卓别林

其中有两个原因：第一是钱的问题。卢米埃尔兄弟家里是开照相馆的，在那个时代照片非常稀少，所以照相馆老板相当有钱，这两个“富二代”有足够的资金和设备研究新的发明。第二是幸运。虽然爱迪生发明了电影视镜，但是他觉得发展下去获利并不是很高，所以放弃了，这也就给了法国兄弟俩一个研发成功的机会。因为爱迪生的放弃，将“电影之父”的头衔拱手让了人，不过后来电影界也给了爱迪生另外一个封号，叫做“电影接生婆”。虽然是一句玩笑，但是这也说明电影的诞生并不是一个巧合，而是经过许多科学发明的累积之后才有的成果。在电影拍摄和放映设备诞生之后，无声电影的时代迎来了繁荣的时期。

电影诞生以后，由于电影声音技术的局限，早期的电影只有画面，影片本身不发出声音，剧中人物的沟通要通过动作、姿态、插入字幕等间接表达，所以无声电影又叫做“默片”。著名的喜剧演员卓别林就因那圆顶礼帽、手杖、大皮靴和鸭子一样的走路方式成为当时无声电影的标志性人物，并在欧美风靡了20余年。随着电影科技的发展，1927年《爵士歌王》的诞生标志着有声电影的来临，影片描述一个犹太人一心想成为百老汇明星，通过许多努力最终实现了自己的理想。虽然影片中的声音质量很低，但是却为有声电影的发展奠定了基础。从电影诞生到无声电影的繁盛时期，再到有声电影的粉墨登场，电影工业一直保持着规律又缓慢的发展节奏，但是伴随着一段黑暗时期的来临，电影却得到了迅猛发展的契机。是什么样的黑暗年代导致了电影业的迅猛发展呢？那就是第二次世界大战。当时，美国、英国、德国、日本这些参战国家都想用摄像机来记录他们辉煌的战斗过程，所以胶片、摄影器材在那个年代得到了广泛的应用，市场扩大了，拍摄电影的器材自然就被研发得更快。到了1941年，美国著名的柯达公司开发出一种彩色胶片，把它放在一般的摄影机上就能拍出十分清晰的彩色电影，所以当二战结束之后，大量的彩色电影相继问世，比如《罗马假日》、《茜茜公主》都是那个时期的经典电影。电影工业也是从那个时候开始的，它的发展速度像坐上了火箭一样，观众的口味也越来越高，期待看到更真实的场景、更震撼的场面，所以电影科技在近期的几十年中不断地提高着。电影《阿凡达》带来的是3D技术，瞬间引起了一片观看3D、拍摄3D、改版3D的热潮。甚至有人将这种情况称为“后阿凡达时代”，意思就是已经进入到全力发展3D电影的阶段了。

回首电影这100多年的发展历史，我们不得不提到一个对世界电影发展有重大贡献的国家——美国。好莱坞是美国电影出品的重要基地，从1913年

《罗马假日》

《茜茜公主》

《阿凡达》

米高梅公司总经理梅耶

建立之后，好莱坞汇聚了很多大名鼎鼎的公司，比如派拉蒙、米高梅、福克斯、环球、华纳等。这些大的制片公司在电影方面有大量的投资，使美国电影事业成为一种大规模工业，也让美国成了世界电影的霸主。好莱坞位于美国洛杉矶市西北，约有30万居民。醒目的“好莱坞”标志高度达13.7米，它是洛杉矶有名的建筑物，是为发展好莱坞地区而修建的。由于发达的娱乐工业，现在“好莱坞”一词往往直接指代美国的电影工业，好莱坞电影在科技和产量上都让美国居于世界领先地位。20世纪之后，好莱坞的电影公司每年都有600部左右的电影诞生，电影票房也为美国带来每年300亿左右的经济效益。

电影是个造梦空间，而好莱坞是电影的造金场，也是美国最著名的影视娱乐和旅游胜地。好莱坞的发展离不开两个方面：一个是艺术，另外一个是经济。20世纪初，一个摄影师发现了这个依山傍水、景色宜人的地方，于是便吸引了一些电影艺术家来到这里，逐渐地这个洛杉矶郊外的小农庄形成为一个电影中心。好莱坞出名之后，华尔街的大财团觉得拍电影挺挣钱的，所以他们插手电影业，于是好莱坞电影城迅速兴起，电影成了为美国谋取利润的一部分。资本的雄厚加上知名的电影人，保证了好莱坞在世界电影市场的重要地位。

来到好莱坞，我们会看到熟悉的电影人物在大街上四处游走，蜘蛛侠、超人、蝙蝠侠、杰克船长这些银幕内的英雄们到处与人合影，招手致意，迅速拉近了英雄与人们的距离，一时间不知道究竟是他们跳出了银幕，还是我们走进了他们的光影世界。走进电影主题公园，真切地感受到现代电影在好莱坞的发展已经达到了世界上最先进的水平。首先，这里对于电影的投资规模是世界上任何一个地方都无法企及的；其次，高新技术的运用使电影语言在原有的基础上更加流畅。逛完了电影主题公园之后，可能大家心里还在回忆着那些经典的美国大片，不过为什么美国的电影能拍得这么吸引人呢？首先因为投资大。不管是科幻电影里那些昂贵的电影特效，还是观众都喜欢看的汽车在马路上横冲直撞，都是投资的一部分。其次是电影的情节非常吸引人。美国大片的特点是主角英雄永远不死，而且他总是小人物出身，就像看电影的观众一样的普通，但是后来都变成了超级英雄。影片中当世界灾难来临的时候，美国总是最倒霉、最先遇难，最倒霉的要么是自由女神，要么是白宫，虽然这些有搞笑的成分，但也说明美国电影在情节设计上比较大胆。第三就是结局。结局非常重要，美国电影的结局看上去都比较积极，让观众在经历了一番揪心的过程之后总是能看到希望，看到生活和人性美好的一

面。不过，一部好的电影，是需要经过专业的评审给予鉴定的，那就是全世界电影业的焦点——奥斯卡奖。奥斯卡奖那个璀璨的小金人一直以来都代表了大多数电影人的梦想。在好莱坞市内有不少数十年历史的老电影院，通常被用作电影首映式或举行奥斯卡颁奖礼的场所，如今也成为旅游的热门地点。奥斯卡金像奖由电影艺术与科学学院颁发。

1927年5月，具有“好莱坞之王”称号的米高梅公司总经理梅耶在一次晚宴上向在座的同行提出了一个设想，应该把好莱坞的精英分子们都集中起来组成一个团体，它包括演员、导演、编剧、摄影师、制片人，使他们成为好莱坞的支柱，让他们调解纠纷或者在制片场里起疏导作用。一周之后，梅耶草拟了一份关于成立美国电影艺术与科学学院的提案。1928年，奥斯卡奖正式成立，设有最佳影片、最佳剧本、最佳导演、最佳表演等20多个奖项。评委们比较关注的是世界各地的杰出商业片或者科技含量高的电影，比如著名的科幻片导演斯皮尔伯格就曾经3次获得奥斯卡最佳导演奖。一年一度的奥斯卡电影节至今为止已举办了84届，它不仅反映了美国电影艺术的发展进程，而且对全世界的电影人都有着不可忽视的影响。比如第84届奥斯卡最佳男配角奖得主克里斯托弗·普卢默的获奖感言就给我们留下了深刻的印象：亲爱的，你只比我年长2岁，你怎么不早点出现？坦白说，当我还在母亲肚子里的时候就已经开始组织我的获奖感言了。

奥斯卡奖一直在电影界中被作为成功的标志，不过世界上还有很多同样具有威名的电影节，比如说法国的戛纳国际电影节、德国的柏林国际电影节。与奥斯卡金像奖钟爱大场面的电影不同，戛纳国际电影节的金棕榈奖更注重于电影的艺术性，比如2000年王家卫导演的电影《花样年华》获得了戛纳最佳艺术成就奖；柏林国际电影节的金熊奖看重的是像《千与千寻》这类故事情节出色的电影。

《花样年华》

《千与千寻》

各个电影节欣赏的口味不同，其实世界各个国家所拍摄的电影也各有所长。比如欧美比较擅长拍摄科幻片、灾难片这种大场面影片；而说到日本，我们就会想到恐怖片；世界电影产量第一的国家是印度，印度喜欢拍摄充满歌舞场面的电影。其实不管哪个电影节或者哪个国家的电影，都能让人看到如今电影工业发展的迅猛，让我们对未来电影有着无限期待。

日本恐怖电影

除此之外，您知道世界上最长的电影是哪一部吗？1987年，约翰·蒂米斯执导了一部电影《失眠症的治疗》，被官方认为是世界上最长的电影，已经载入了吉尼斯世界纪录。这部片子长达87个小时，电影中没有什么故事情节，就是一位艺术家朗

印度歌舞电影

《失眠症的治疗》

《朗德海花园的场景》

读他的长篇同名诗词《失眠症的治疗》，而这段朗读长达3天半。这也许真的能治疗失眠症，连续看87个小时估计谁也扛不住，都得睡着了。有最长的肯定就有最短的。在1888年，有人拍摄了一部叫作《朗德海花园的场景》的影片，片长不到2秒钟，一共24帧，记录一家人在花园里转圈嬉戏的场面。要看这部电影可能都舍不得眨眼，因为眼睛一闭一睁，电影就结束了。还有一部电影让人舍不得眨眼，它是最贵的、耗资最巨大的电影。它就是1997年由列奥纳多·迪卡普里奥和凯特·温斯莱特主演，詹姆士·卡梅隆执导的《泰坦尼克号》。电影上映后轰动一时，影片中从震撼的场面到精致的餐具都是量身定做的，该片原定于1997年7月发行，后来由于拍摄完后出现的一些问题拖延到

《泰坦尼克号》

《情人》的拍摄地湄公河

尼罗河

1997年12月才发行，延期使制作费用增加了0.2亿美元，导致影片成本总额达到2.6亿美元，加上20世纪福克斯公司为《泰坦尼克号》又投资了1800万改为3D版，使该片成为历史上耗资最大的影片。不过《泰坦尼克号》的票房收入是有目共睹的，到2010年之前，这部影片以18.45亿美元的票房收入排在全球第一，这一纪录被2010年初上映的《阿凡达》以27亿美元刷新。

电影里各种宜人景色是在哪里拍摄的呢？网上有人总结了世界上十大最美的电影拍摄地。其中有电影《情人》的拍摄地湄公河，《埃及艳后》的拍摄地尼罗河，《音乐之声》的拍摄地奥地利的萨尔斯堡，不过我最想去的却是电影《哈利·波特》里面霍格沃兹魔法学校的拍摄地。

影片《哈利·波特》中有这样的一幕：无数明亮的窗口在星光下熠熠生辉，一整列小船同时向前移动，迅速划过像镜子般平静的湖面，大家都非常安静地望着远方那座巨大的城堡。越来越靠近城堡所在的悬崖时，巍峨的建筑就好像耸立在头顶一般，这就是著名的魔法学校霍格沃兹。城堡的外观和部分场景拍摄于英格兰北部的安尼克堡。这是一座中古世纪风格的建筑物，曾经是16世纪英格兰事务大臣诺森伯兰公爵的住所。城堡不仅依山傍水，周围绿树如荫，还拥有占地3000公顷的美丽公园。安尼克堡位于小镇安尼克的中心，是一个小到连车站都没有的小镇，在旅行手册上根本找不到，如今因

安尼克堡

为一部电影却使这个小镇成了热门的旅游之地。如果能骑着扫把在那么美的城堡上空飞上一圈，那真的是一种奇妙的感受。感受完哈利·波特的魔法世界之后，我们再去一个景色美丽得让您舍不得移开眼睛的地方，那就是《指环王》的拍摄地新西兰。

新西兰

新西兰东北部的玛塔农庄

大导演彼得·杰克逊第一次看到那里的景色时就认定新西兰就是拍摄《指环王》的最佳外景地。当你被那种纯净的大自然包围的时候，你一定会深刻地感觉到那里就是我们心中所想的中土世界。在众多电影作品中，《指环王》中的场景可以算是最美的电影拍摄地之一了，随着电影的热映，新西兰这个美丽而又陌生的国度就多了一个称呼——中土世界。位于新西兰东北部的玛塔农庄是个拥有12000人口的小镇，电影中霍比特人的家园霞尔国就坐落在这个小镇。这里有着层次分明的梯田、青翠碧绿的草地、连绵不断的山丘、清新自由的空气，在绿色田园中弥漫散播的一切都如同梦境一般。神奇的精灵王国的拍摄地就在新西兰的皇后镇。虽然电影中的皇后镇融合了特技场景，但依然可以在青翠的山林中感受到一种神秘的美丽。好电影吸引着观众，里面的场景拍摄地也因此成为了旅游胜地，我们在那种如画一般的山水花草当中，总是能立刻重温电影的经典片断，仿佛置身于电影中一样。其实电影本身就是在打造一个真实的梦，一个睁着眼睛就能看到的梦，在那里有美好的爱情、和谐的家庭，或者是让人振奋的励志过程。这些梦境不仅是我们向往的生活，让我们有一种暂时的梦想成真的感觉，更会给我们带来一种无限的深思，让我们从电影当中学会了爱，学会了坚强，相信这种神奇的魅力就是电影给予我们的最大财富。

造梦空间之动画

动画就是我们的梦，任何天马行空的想象都可以附加在动画之上，满足我们无限的想象和欲望。

动画，每个人心中的一个梦

2011年一部充满童趣的电影《蓝精灵》上映了，迅速把所有的人一下拉回到了童年，这些可爱的卡通形象立即成为人们茶余饭后谈论的焦点，除此之外，蓝精灵的玩具、服装、装饰品瞬间风靡开来。究竟是什么让蓝精灵有着这样巨大的魅力呢？我们不得不提到动画片。在您的记忆中都看过哪些动画片呢？估计大家耳熟能详的有《大闹天宫》、《神笔马良》等等，后来有了很多进口动画片，比如《米老鼠和唐老鸭》、《变形金刚》、《猫和老鼠》，到了80年代、90年代深入人心的动画片就更多了，《蜡笔小新》、《灌篮高手》、《美少女战士》等等。现在国产动画与进口动画都发展迅速，只要我们一打开电视就能看到《喜羊羊与灰太郎》、《名侦探柯南》、《海贼王》等动

《蓝精灵》

《猫和老鼠》

《大闹天宫》

《神笔马良》

《灌篮高手》

《汽车总动员》

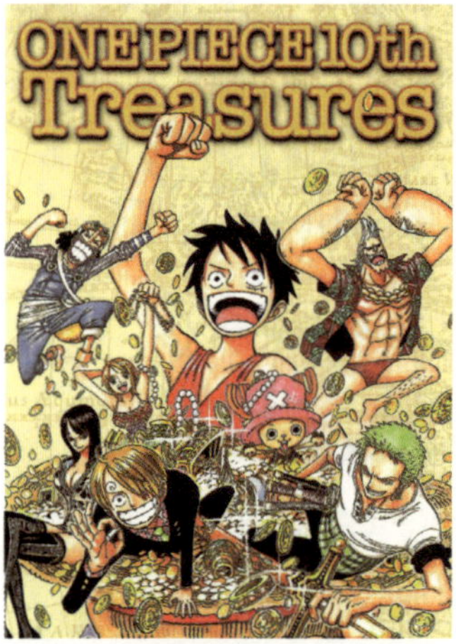

《海贼王》

《喜羊羊与灰太狼》

画片。虽然每个时代的动画片有着不一样的风格，但是我们不能否认的是动画无处不在。

如今，我们在电视上、街边商店里，经常可以看到正在热播的动画片和根据动画形象制作的玩具、印着可爱的动画形象的衣服、鞋子，甚至是走在街上都会遇见仿佛从动画中走出来的cosplayer，动画就像一个个舞动的小精灵，占据了我们生活的方方面面。放眼全球，动画更凭借着近乎完美逼真的人物形象、多彩绚丽的图像呈现以及形态各异的剧情显示着强大的生命力。尽管动画进入人们视野的时间并不长，但动画为我们带来的财富却是巨大的。截止到2004年，全球动画产业产值已经高达2228亿美元，如今动画产业已经成为一些发达国家的支柱产业。2228亿美元究竟是什么概念呢？如果一艘普通航母的造价是100亿美元的话，那么单单是2004年动画产业的产值就相当于22艘航母的价格。多么惊人的数字！何况这还是近10年前的统计数据。既然动画这么受大家的喜欢，还能给我们带来巨大的财富，那么动画究竟是怎样诞生的呢？

我们把动画比作舞动的精灵，这不是随便打的比方，是有原因的。“动画”英文

关于野牛奔跑的分析图

达·芬奇

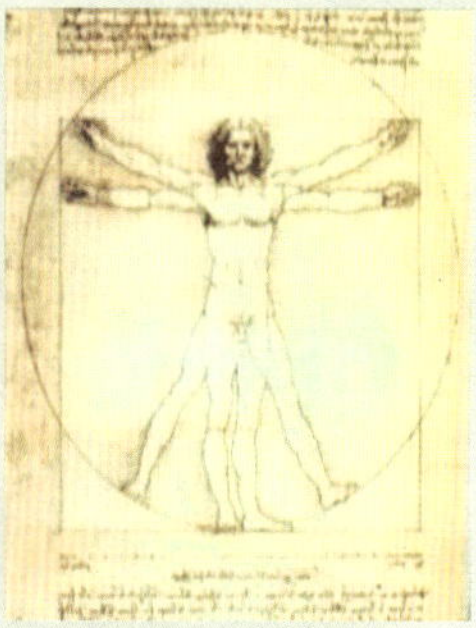

黄金比例人体图

Animation，这个词的前部分anima是拉丁文的字根，意为灵魂。对于动画的最好解释就是经由创作者们的安排，为那些原本静止在纸张上的点点线线赋予灵魂和生命，让它们活起来、动起来。

大约25000年前，石器时代的人们有着在洞穴上作画、标记的传统，现代考古中，人们在洞穴的墙壁上发现了一张关于野牛奔跑的分析图。在这一张图上，创作者把不同时间野牛做出的动作画在了一起，而这种同时进行着的概念在一定程度上显示出了人类体现“动画”的欲望。著名的绘画大师达·芬奇也为动画的诞生作出了突出的贡献。在他所绘制的名画黄金比例人体图中，为了表现出双手上下摆动的动作，他给人类画上了4只胳膊和4条腿，也正是因为达·芬奇的别出心裁，让人们对图画产生了运动的错觉，这些都被视为动画的萌芽。

动画其实就是活动起来的图画，很显然一部动画的产生需要两个因素：一是先要画几幅画，二是想办法让它们动起来。如何让图画动起来是人们一直在不断思考的难题。

这个难题的解决要感谢三个人，一个是法国的卢米埃尔兄弟，另外一个就是美国人温瑟·马凯。19世纪末，法国的两兄弟发明了电影放映机，让

法国卢米埃尔兄弟

美国人温瑟·马凯

《小尼莫》

人们第一次能在屏幕上看到“动”起来的形象，同时也为动画的放映提供了比较成熟的技术环境。而美国人马凯先生却对动画的诞生起了至关重要的作用。

他原本只是一位绘画师，偶然间发现他的儿子会把每个星期天的连载漫画剪下来做成手翻书，手翻书一旦快速翻动，漫画中的人物就自然而然地像在眼前动起来一样。马凯先生受到启发，开始尝试着自己绘制漫画，并且用这样的方式让它们“动”起来，再通过电影放映机的放映，动画便呈现在我们的面前了。毫无疑问，温瑟·马凯为动画的诞生作出了巨大的贡献，他还将动画带入了彩色时代。在无意间受到儿子的启发后，他在1911年制作出了生平第一部动画影片《小尼莫》。影片中卡通人物的逗趣动作和奇怪陆离的故事情节使整部影片非常丰满，他还亲手为动画中的人物形象一格格地着色，让影片呈现出五彩缤纷的视觉效果。正是由这部动画影片开始，动画才有了颜色。

早期的动画师制作一部动画片要花费比现在长好几倍的时间，从定稿、设计、表演特点以及戏剧效果的确定，到一张张地描稿、上色全部都由一两个人完成，一段1分钟的剧情表演通常要用700到1000张画。当时一部相对完整的动画至少也得10分钟，也就是说动画师要绘制7000到10000张画稿。如果按照A4纸的厚度来计算的话，一张普通的A4纸的厚度是0.11毫米，那么10000张摞在一起，就足足有1.1米高，足以看出当时动画师的工作量是多么繁重。除了需要在前期绘制如此繁重的绘画手稿之外，在后期的制作手法上，动画大师们也绞尽脑汁探索出了许多独特的方法。有的是将连续画面绘在玻璃上，通过魔术幻灯装置进行放映；有的则是将画面绘在一个圆筒内侧，运用走马灯的原理进行放映；也有的是将画面绘在一张张纸片上，采用类似于手翻书方式的机械设备将其翻动，进行播放等等。随着时代的进步，动画片的制作技术也越来越成熟。目前，动画分为二维和三维两种，二维动画由flash来制作完成，三维动画则主要由Maya或是3Ds MAX来制作，虽然现如今的技术手段已经非常成熟，但是制作一部动画片远没有我们想象中的简单，还需要专业的制作团队来完成。

提起动画，我们不得不提到日本和美国这两个国家，同样作为动画的强国，他们在风格上却是截然不同的。说起日本动画，用动漫这两个字来表达比动画更为准确，其实，日本动漫是日本动画和日本漫画的合称。由于日本的动画制作公司多数会选择把原来就已经非常流行、受到大家喜爱的漫画作品稍作修改之后，制作成为动画片，因此在日本

《超时空要塞》

人们更愿意称呼动画为动漫。目前日本是世界上最大的动漫制作和输出国，当之无愧地坐拥“动漫王国”的称号、跻身世界动画强国之列。全球60%的动画作品都来自于日本，动画产业占日本GDP的比重超过10%，成为日本的第三大产业。

行走在日本东京街头，随处可见的是身穿cosplay服饰的动画迷们的身影，透过玻璃橱窗映入眼帘的是数以万计、大大小小的动画玩具，仿佛置身动画的王国，让人流连忘返。除此之外，以各种动画形象命名的博物馆遍布街头。在动画博物馆中不仅可以欣赏到动画影片、创作者的绘画手稿，甚至还可以体验动画的后期录音设备，让游客有机会参与到动画的创作中来。如果时间充裕，甚至可以踏着动画中的足迹展开一段独具特色的动画之旅。不过值得一提的是，在去之前一定要准备一份清单，把自己喜欢的动画罗列出来，千万不要因为错过其中的任何一个而后悔。

《变形金刚》

日本动漫的影响力之广，不仅局限在日本国内，在中国，日本动漫的粉丝数量就有上亿。现在网络非常流行的一些词汇，比如“萌”、“萝莉”、“正太”这些词语都是从日本动画当中发展而来的。相信一提起日本动画，每个人的脑海里会浮现出不同的画面，《美少女战士》、《名侦探柯南》、《灌篮高手》、《千与千寻》等等。日本的动画是怎么发展起来的呢？它的发展过程是一帆风顺的吗？

虽然现在日本动画有着如此广阔的影响力，然而它却有着一段曲折的发展历程。由于日本动画是由漫画发展起来的，因此漫画的受重视程度也注定了动画的命运。早在12世纪，日本就已经开始发展漫画产业，但一开始并没有取得比较好的成效，因为多数成年人认为这些只是供孩子们娱乐的道具，甚至还被视为低俗、浅薄的读物。直到1963年，由同名漫画改编的TV动画《铁臂阿童木》在电视上连续放映，动画才逐渐被社会认可。《铁臂阿童木》是一部非常好看的动画片，这是日本制作并播出的第一部电视上连续播放的动画片，也是我们国家引进的第一部国外动画片。对于日本国内改变对动漫刻板的印象，这部动画片作出了不少的贡献。这部动画片由“日本动漫之父”手冢治虫创作，他赋予阿童木这个来自未来的小机器人聪明、勇敢、正义的形象，也将日本动画片的制作水平提升到了前所未有的层次。从此，日本动漫进入了一个更为成熟的阶段，《机动战士高达》、《哆啦A梦》、

铁臂阿童木

《龙猫》

《千与千寻》

《超时空要塞》这些大家耳熟能详的动画片都曾经一度占据我们的童年。

这一时期，日本动画片整体的呈现风格比较相像，题材大致都是表现正义以及对未来时空的一种幻想，播出也都是以电视连续动画片的形式。直到另一位动画大师——宫崎骏先生的出现，日本动画产业再次发生了翻天覆地的变化。相信凡是看过宫崎骏大师的作品的观众都会情不自禁地被他那唯美、清新、自然的风格所感动。在宫崎骏的作品中，多以年轻少女为主角，这些女孩子大都长相普通却又不失可爱。虽然长相一般，但是她们却有着活泼、率性、坚定的性格，这样的人物造型，较之前漫画中那些有着夸张造型的性感美女更加符合人们传统的审美习惯。也正是凭借着动画中体现出来的浓郁的民族文化气息和超现实的自然环境，宫崎骏的动画影片瞬间就打动了观众的心。1984年创作的《风之谷》更是帮助宫崎骏确定了“日本动画宗师”的地位。2001年，宫崎骏摄制的《千与千寻》获得了第52届柏林国际电影节金熊奖和第75届奥斯卡最佳动画长片奖。如今，“宫崎骏”这个名字在日本已经成为动画的代名词，他的作品也是人们心中永远的经典。

宫崎骏

由于日本的动画多是由日本漫画改编创作，所以在风格的呈现上与漫画非常相似，偏重于梦幻、唯美、清新。而美国的动画片在风格的呈现、制作的手法等方面与日本动画则有很大不同。从我们平常接触到的美国动画片就能看出来，比如《功夫熊猫》、《怪物史莱克》、《玩具总动员》，这些动画影片都会让我们清晰地感觉到如同坐在电影院里观看好莱坞大片一样。因为美国的动画产业不像日本那样拥有强大的漫画资源优势，他们依靠的是好莱坞。

《玩具总动员》

《怪物史莱克》

提到好莱坞，想必大家的心目中都会浮现出无数的巨星、无数的大制作影片，因为那里是世界著名的电影天堂。“好莱坞”本是一个地名，但由于当地发达的娱乐工业，现在“好莱坞”一词往往直接代表美国的电影工业。好莱坞不仅仅成就了美国的电影，也成就了美国的动画产业，美国动画产业巨头迪士尼就坐落在这里。如果说宫崎骏是日本动画的象征，那么迪士尼就是美国动画的代名词。从早期的动画影片《米老鼠和唐老鸭》、《白雪公主》、《狮子王》，再到《玩具总动员》，这些我们再熟悉不过的动画片，全部出自于美国的迪士

《白雪公主》

《长耳兔奥斯瓦德》

《米老鼠》

尼，米老鼠和唐老鸭的形象更是深深地烙印在我们的脑海中。

米老鼠，相信没有人不认识它，但是它的诞生却是偶然的。在它诞生之前，迪士尼已经创造了一个非常鲜明的形象，很受观众的喜爱，这个动画形象是叫做奥斯瓦尔德的长耳兔。之后他们又开始探讨如何创作出一个更可爱的卡通形象，他们把长耳兔奥斯瓦尔德画在纸上开始修改，把耳朵变圆了，把短裤加上纽扣，让那双大脚穿上鞋子，双手戴上手套，再加上一条可爱的尾巴，不一会儿“它”就出现了。当华特看到了这个形象后非常肯定地说就要这只小老鼠，他夫人马上就给它起了个名字——Mickey Mouse，就是我们现在说的米奇、米老鼠。早期动画中的卡通形象都是平面绘制的，现在的动画影片中的形象大多是立体的，更像一个真正的人的形象。这一点也正是美国动画相较日本动画带给我们最直观的不同感受。

美好、可爱的动画形象肯定勾起了大家或多或少的回忆吧，接下来让我们依靠回忆来说一说动画之最。日本的动画多以连续影片的形式来播放，而且大多数是边绘制边播出，世界上最长的动画片是日本在1969年10月5日开始放映的《海螺小姐》，据说这部动画片目前仍然在放映中，到现在已经播放了5500多集了。尽管原著的作者以及最初的配音演员都已经相继离世，但是日本仍没有结束放映这部超级长寿的动画片。估计很多中国观众听到“海螺小姐”这个名字比较陌生，那是因为它还占据着另外一个动画之最：做了这么多集，它却是日本唯一的永远不会外销的动画作品，所以如果您跟我一样因为好奇想去亲眼看一看这部作品的话，只有一个办法——买飞机票去日本吧。

《海螺小姐》

连续动画片中原本就不缺少传奇般的作品，像《海螺小姐》这样的动画之最还有很多。比如全球收视率最高的动画片《机动战士高达》，这部系列动画片在世界各国播出时，都收获了非常高的收视率；虽然新兴动画电影的票房都不错，但全球的最高票房纪录保持者仍旧被1937年上映的经典动画《白雪公主和七个小矮人》所占据；好莱坞获奖最多的动画片是1940年问世的经典动画《猫和老鼠》，它的一系列作品共赢得了7届奥斯卡金像奖，这在动画界至今都是一个神话。当然，除了以上提到的这些动画影片之外，动画之最还有很多，而且随着动画产业的迅速发展，动画之最随时都可能发生变化。

《白雪公主和七个小矮人》

电影界有电影节，动画行业中也有动画节。目前，在世界各地，像法国、加拿大、日本、葡萄牙这些国家都有各具特色的国际动画节。当然，尽管这些动画节的规模参差不齐，也不像电

《猫和老鼠》

影节具有那么高的知名度，然而在动画行业中，法国的昂西国际动画节可以毫不夸张地比作“动画界的奥斯卡”。昂西市位于法国巴黎东部，原本只是一个小城市，却因为举办一年一度的国际动画节而闻名于世。法国昂西国际动画节创始于1960年，它是世界顶尖级的国际动画评奖节，由于创办时间早、规模大，因此也成为众多动画节的先导。在每年的昂西动画节上，有来自60多个国家和地区的作品前来参赛和参展，总数甚至达到2000部之多。动画节上除了会评选出优秀的动画影片之外，还建立了动画电影交易市场、国际动画电影中心，为世界动画影片的输出、展映、宣传作出了重要的贡献。

一部动画影片，无论它是粉丝过亿或是票房飙红，无论它是经典的沉淀还是炫目的视觉盛宴，不可否认的是，动画已经成为我们生活中必不可少的一部分，也正是这个舞动的精灵在悄悄地改变着我们的生活。每当我们走进玩具店的时候，看到的是那些我们非常喜欢的卡通玩偶；当我们走进电影院的时候，处在首位推荐的那些影片中总有几部是动画题材的；还有我们戴的手表、穿的衣服、出门时背的背包或多或少总是和动画有着关联。真的很难想象如果有一天动画消失了，世界将会变成什么样。

有这样一只猫咪，圆圆的脸、头戴蝴蝶结、身后一截小尾巴、总是偏爱粉红色，它是谁呢？估计没有人猜不出答案，这就是著名的卡通形象Hello Kitty。我们暂时不去计较究竟是日本动画Hello Kitty成就了这只可爱的猫，还是这只猫给动画创作带来了无限的灵感，但我们能够肯定的是，自从它37年前出生的那一天起，Kitty猫就被全世界很多人倾注了满腔的热爱。各种以Kitty猫形象打造的服装、首饰、日用品、玩具等商品，都成为它的粉丝们追捧收藏的纪念品。

这就是动画的魅力，不仅满足了我们极大的视听感受，也让我们的生活充满了色彩。动画究竟是什么，尽管之前和大家分享了很多，但是相信每一个人心目中都有不同的答案。动画就是我们的梦，任何天马行空的想象都可以附加在动画之上，满足我们无限的想象和欲望。然而，生活并非绝对完美，就像几米漫画中说到的这句话一样：所有的悲伤总会留下一丝快乐的线索。虽然悲伤带给了我们痛苦，但是同时也让我们在以后的生活中变得强大，这应该算是一种人生的财富吧。我们都爱看动画，也爱把自己想象成为动画里的某一个角色，或许我们只是想在动画中找到一个更加完美的自己。

SOUTH
FEEL-GOOD MUSICAL
A PHENOMENON!"
"THE WORLD'S MOST POPULAR MUSICAL!"
"TERRIFIC FUN!"
MAMMA MIA!
GLENN CLOSE
JAN 7
VORNADO
LG
IF YOU WANT IT
NO TURNS
ONE WAY
NO TURN
VORNADO Retail

造梦空间之广告

不论您是愿意还是不愿意，它都会成为您身边一道亮丽的风景线，并且时刻地诱惑着您。好的广告不仅仅能够在物质上为一个品牌、为一个企业创造财富，同时在精神上、在文化上也能体现它的价值。

广告，您身边一道亮丽的风景线

本节我们即将讲述的主题在所有人的身边无所不在。不管您走到哪里，也不论您是愿意还是不愿意，它都会成为您身边一道亮丽的风景线，并且时刻地诱惑着您。而且可以保证，在您看到本节故事之前，您一定跟它有过各式各样亲密的接触，它就是广告。

很多观众朋友在看电视时最烦广告，觉得它经常打断您想看的电视节目。可是还真有不少人特别喜欢广告，比如美国前总统罗斯福。罗斯福先生说：“如果我不做总统，我就要去做广告人。”在国外还有很多人宁愿花上几百美金买一张票去看广告。广告为什么会有如此大的能量呢？

如今，在人们的生活中广告无处不在，从国内到国外，从城市到乡村，到处可见它们的身影。据统计，目前全球商品广告的总费用大约为4890亿美元/年，广告收益则超过600亿美元，相当于40艘航空母舰的造价。据说在广告业最发达的国家——美国，平均每个人每天要接触多达600条广

图案标识广告

理发店红蓝白交替的螺旋招牌

告，他们每花5美元就有1美元花在了广告费上。此外，全球为广告而设立的广告节、广告奖以及相关的展映活动数以千计。每年都会有数万条的广告齐聚一堂、一争高低，形成了蔚为壮观的广告文化。既然广告和我们的生活这样息息相关，那么广告到底是怎么来的呢？

广告这个词，英文中叫做advertising，可简写为ad，这个拉丁词的意思是大喊大叫、引人注意。关于这个词，还有个传说。很久很久以前，古罗马商人争相做生意的时候，经常雇一些人在街头大喊大叫，请人们到他们的摊位购买商品，人们就把这种做法叫做广告。现在，我们的生活中还是能听到或者看到这种叫卖的广告。为了起到更大的传播效果，广告由叫卖进入到了第二个阶段——图案标识。虽然最早的图案标识广告已经无从查考了，但是考古人员发现，早在2000年前，被火山暴发所掩埋的庞贝城街道建筑物的墙上和柱子上就已经刻满了各种广告文字和图画，在官方规定的广告栏内还发现有候选人的竞选广告。到中世纪，英国店铺门前的标识广告已经十分成熟，人们可以通过金色的靴子找到鞋匠，借助一束麦子找到面包师，借助眼镜来找到眼镜店，理发店前红蓝白交替的螺旋招牌就是最典型的广告。

叫卖广告、图案标识广告之后，广告史上发生了一件大事。那是在15世纪，德国人受毕升活字印刷的启发，发明了现代铅字印刷机，这让广告随着大批量印刷品的产生而蓬勃地发展了起来，真正意义上的现代广告随之诞生了。1477年，英国伦敦的一位印刷商威廉·凯斯顿邮寄了第一份用英语印刷的广告——一份10cm×15cm的传单，发布了他出售祈祷书的消息，这被认为是历史上第一个现代印刷广告。在此后的四五百年的历史中，印刷品一直是广告的主流媒体，很多人类历史上的经典时刻都被这些广告记录了下来。比如，1609年印制的向英国人推销新世界的广告——未来的美国的广告。再比如三百多年后，创作于1918年，美国一战时期的征兵广告：插画家詹姆斯·费赖格笔下的山姆大叔伸出手指，指向观众宣布：我要你参加美国军队，这一形象也立刻成为了传世的经典。

印刷商威廉·凯斯顿

现代铅字印刷机

美国一战时期的征兵广告

1609年印制的广告向英国人推销新世界

不难看出，印刷的发展让广告进入了一个崭新的时代。当然，印刷品广告至今都非常的活跃。比如上班的路上，在等红绿灯的时候，就有人往您的车里塞印刷广告，不过现在这已经不是一些主流媒体了，属于比较低端的。

如今，随着现代化进程不断加深，广告也逐渐成熟和产业化。在媒介上，电视逐渐取代印刷，成为了最主要的广告媒体。2012年，电视广告占了全球广告支出的40%左右，牢牢地占据着广告媒体的第一把交椅。网络广告则发展得更为迅速，其占据全球广告支出比例从2006年的5.8%骤然增长到2012年的17%。当然，除了媒体，广告理念的发展也是非常迅速的，它从一开始单纯地推销渐渐地丰富到品牌形象定位以及整合营销等等。

广告发展到当代可以说是五花八门。2008年新西兰的国家航空公司公开征召50个光头的男子，公司要在他们的光头上做广告。明码标价，每个光头666元。美国可口可乐公司在智利北部的沙漠里做了一个世界上最大的可口可乐的商标广告，一共用了7万个可口可乐的瓶盖完成了这个广告。当然还有的已经把广告做到了极致。在苏格兰，有一座墓碑上面写着：这里长眠的是某某某某某，其悲痛的妻子继承了他的蔬菜商店，就在11号高速公路旁，每天营业到晚上8:30。这可以说是把广告做到了“死不瞑目”。

据统计，目前美国每年有超过2000亿美元的广告支出，约占全球总数的一半；此外，世界排名前50位的广告集团有20个总部设立在美国；世界五大广告节中有3个创办于美国。那么是什么原因促成了美国的广告在世界有着霸主的地位呢？美国的广告能取得今天的成绩是与特定时期的历史环境有关的。二战后，美国进入经济发展的黄金时代，稳定的政治局面、技术改革、政府对经济的积极干预以及直接和间接的战争获

可口可乐公司在智利北部的沙漠里做了一个世界上最大的可口可乐的商标广告

利让美国迅速成为世界上经济最发达的国家。经济的发展带来的是更加充裕的资金、更加领先的技术，还有不可避免的更加激烈的竞争环境，这些让广告业也随之飞速发展。此外，美国的文化具有很强的兼容性：开放、自由、创新、包容的环境让美国的广告毫无束缚、轻装上阵，创造了一个又一个的广告奇迹。谈到美国的广告，不能忽略的是20世纪60年代的广告创意革命，这场革命让美国的广告远远地走到了其他国家的前面。下面就来说说革命中的3个代表人物。

首先是伯恩巴克先生。他在20世纪60年代为大众甲壳虫汽车所做的广告没有任何修饰，广告中只有一辆甲壳虫汽车和一段文字，下面注有一个大大的词——柠檬。在英文中“柠檬”一词的其中一个寓意就是次品的意思。好好的一辆新型汽车，为什么说是次品呢？原来这辆车被定为次品仅仅是因为它有微小的看都看不到的划痕，被大众的质检员敏锐的目光发现了，这说明大众公司对自己产品质量严格要求、精益求精，因为这一则广告，甲壳虫的销量上了一个新的台阶。

伯恩巴克

伯恩巴克的甲壳虫广告

和伯恩巴克一样，大卫·奥格威同样善于打破人们的固有观念，从而强化品牌形象，他为劳

大卫·奥格威

李奥·贝纳

斯莱斯和哈萨维衬衫创作的广告一直被奉为传世的经典，而他所创立的奥美广告公司也成为了世界上最具有创意的广告公司之一。

第三个是李奥·贝纳先生，他的成就之一是著名的万宝路广告。当我们仔细研究“万宝路”这个品牌的英文发音时，会发现这个词的发音听上去那么柔美，Marlboro完全是女性化的发音。Marlboro这个词据说包含的深刻意思是：Man always remember love because of romance only，男人只因为浪漫而牢记爱情，这样的品牌阐释听上去脂粉气浓重。不错，万宝路在成立之初是一个不折不扣的女性香烟品牌，它的广告词像五月一样温柔。可惜，这种定位并没有得到消费者的青睐。在李奥·贝纳接手这个品牌之后，他做了一个大胆的决定：在深思熟虑之后，李奥·贝纳决定改用牛仔来做万宝路的品牌形象。从现代好莱坞影片中，牛仔代表美国西部开拓时期的硬汉，现在如果去美国的德克萨斯等地旅游，还会看到他们的形象。从1955年开始，李奥·贝纳制作了大量的以牛仔为主角的广告，并将主题定为男人风格，毫无疑问，牛仔给“万宝路”这个品牌赋予了强大的冒险和开拓精神的内涵。

不难看出，经历了创意革命之后的美国广告越来越有创意、越来越有看头，但是和当代的美国广告比起来那真是小巫见大巫了。美国广告最明显的特点之一就是幽默。一方面，这与美国人与生俱来的幽默性格有关，能够很好地和观众产生共鸣；另一方面，它也是经过科学的市场分析得来的结果。人们发现，生硬死板的叫卖往往不如一个幽默的故事更加有效。正如广告大师大卫·奥格威所说：如果你不能博得对方一笑，当然就无法说服他掏钱买你的东西。此外，夸张也是美国广告最喜欢使用的表达方式之一，夸张能够将产品的卖点有效地放大，通过强大的表现力和震撼力达到广告的诉求目的。幽默和夸张让广告变得非常好看。但是在美国，有些广告人认为，光宣传自己是远远不够的。那么，还要干什么呢？不同于中国和日本，美国的广告法允许在广告中打击竞争对手，这使得美国的广告变得更加具有火药味，不论是平面还是影视，我们可以看到很多对竞争对手毫不怜悯的攻击型广告。其中最著名的当属百事可乐与可口可乐的对决。百事可乐不甘心千年老二的地位，频频使用广告对可口可乐进行攻击。它的著名口号是：新一代的

杰克逊与百事可乐

乔丹与耐克

选择，将自己定位成青年人的可乐，它的广告也具有年轻气盛的特点，攻击性非常强。美国广告另一个特点就是制作费庞大。众所周知，美国的好莱坞影片历来以高昂的制作费、宏大的场面、炫目的高科技视觉特效而著称，同样，美国的广告在制作和场面上也丝毫不逊色于大银幕，高科技、大场面一个也不能少。

现在很多商家喜欢用名人做广告，这是为什么呢？给大家讲一个“一个总统与三本书”的故事。曾经有一个书店派人送来一本书给总统，请求他做一个评论，总统其实没看，但毕竟是心意，就顺口说了一句：还可以，结果这个书店大打横幅：“总统都喜欢看的书”，第二天这本书被一抢而空；第二次，又是这家书店的老板送了另外一本书给这位总统，总统对书店用自己来打广告这件事一直耿耿于怀，于是就说：这本书糟糕透了，结果书店又打出横幅：“总统最讨厌的书”，第二本书又被一抢而空；第三次，书店又送本书给总统，总统连看都不看，丢一边什么也没说，这次书店还是打出横幅：“连总统都无法评价的书”，可想而知，第三本书还是被一抢而空。

可以看出，名人效应那真是相当的强大啊。用名人来做广告往往更能吸引大多数消费者的注意力、提高品牌的信誉度以及将消费者的情感从明星身上转移到产品上。历史上成功使用明星的例子数不胜数，百事可乐与迈克尔·杰克逊、耐克与乔丹，他们的合作都被人们津津乐道。在绝大多数的明星广告中，明星都是绝对的主角，他们光芒万丈、雄姿英发，用他们自身的形象有利地提升了品牌的价值，美化了品牌的形象。当然也有很多特别的明星广告，脱离了这个定律也达到了很好的效果。尤·伯连纳是美国著名的戏剧与电影演员，因在1956年的美国影片《国王与我》中的出色表演而获得了奥斯卡金像奖。80年代中期，尤·伯连纳因吸烟而患上肺癌，为了能够告诫人们不要吸烟，1985年1月，在他去世之前9个月，他主动要求拍摄了一段广告，这是一条用他的生命做的最打动人心的公益广告。

了解了明星代言的广告，我们再来说一说广告之最。世界上保持着广告长度世界纪录的电视广告的长度是7小时22分钟，应该没有哪个人能把这个广告看完，但是不管怎样，商家追求完美的诉求达到了，因为你在广告中看到了最耐烧的蜡烛；世界上最短的电视广告仅仅1秒钟；世界上最大的户外广告竖立在海湾的明珠——迪拜。迪拜这个迅速崛起的城市似乎总是能和世界之最联系在一起，除了众所周知的世界最高建筑哈里发塔，它还有世界上最大的购物中心、最大的室内滑雪场，还有世界上最大的户外广告。这是一个宣传环保的公益广告牌，其高两米、长1.5公里，全部用环保材料、环保墨水等制作完成并曾经被分割成无数个小块在全球各个地方巡展。但是它虽大，广告费却不是

尤·伯连纳

世界上最长的电视广告

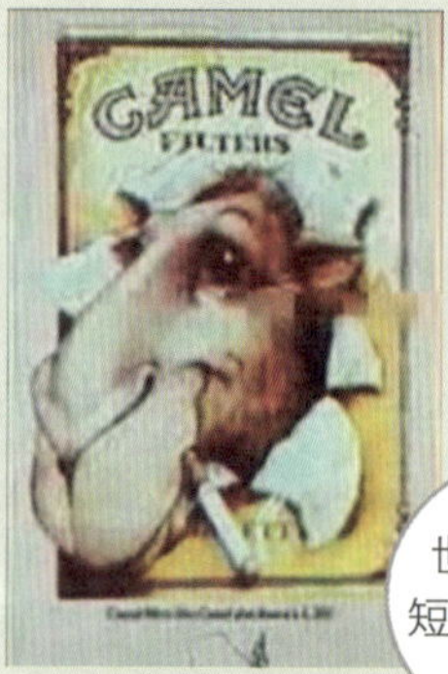

世界上最短的电视广告

迪拜世界上最大的广告牌

最贵的。2011年有一块18m×12m的广告牌以人民币280万元的价格成功地出租出去，按照每平方米的单价来计算，它比北京最繁华的西单商业街的广告还要贵10倍以上。哪里的广告位这么值钱呢？美国纽约的时代广场被称为“世界的十字路口”，据官方统计，时代广场每年吸引4000万来自世界各地的游客，这相当于14%的美国人口。地理位置上的特殊性，使时代广场成为了广告商们的必争之地，林林总总的广告牌成了这里一道独特的风景线。数据统计显示，时代广场广告位价格大约为6900万美元，其地标建筑One Times Square Plaza和Two Times Square Plaza的11个广告位平均每月的租价高达20万~35万美元。

看到上面的广告，我们明白了最大的不一定是最贵的，可是最贵的难道就是最好的吗？什么才是好广告的标准呢？在近半个多世纪里，世界各国陆续设立了很多的广告节、广告奖，其实就是要用评奖的方法告诉我们什么才是好的广告。当今世界很多著名的广告节中，尤以戛纳广告节最具有代表性。戛纳位于法国的南部地中

纽约时代广场

海之滨，是一个拥有700万人口的秀丽城市。1954年，为了让影视广告能像电影一样受到人们瞩目，电视广告媒体代理商发起组织了“戛纳国际电影广告节”，定期于每年6月下旬举行，每年大约有7000多位代表、10000多件作品逐鹿戛纳。除了世界五大广告奖外，还有很多关于广告的文化活动，其中以法国的“饕餮之夜”最为著名。从1984年起，每年饕餮之夜都会将500部上好的广告片制成专辑，在世界各地，40多个国家巡回播放。其所到之处必定万人空巷，人们从四面八方汇聚到剧场，他们头戴面具，挥舞气球，载歌载舞，比庆祝新年还要欢乐。看着那些参加饕餮之夜的年轻人快乐的样子，我们明白了一个道理，好的广告不仅仅能够在物质上为一个品牌、为一个企业创造财富，同时在精神上、在文化上也能体现它的价值。

造梦空间之喜剧

喜剧其实就是根植于我们精神生活的一种无形财富，我们没有办法去拒绝喜剧，就像我们没有办法拒绝生活或者不热爱生活。

喜剧，精神生活一种无形的财富

2013年元旦和春节前后，有超过20部电影挤占春节档，尤其是喜剧片争相上映。《人再囧途之泰囧》、《西游·降魔篇》、《越来越好之村晚》，这些片子要将幽默进行到底。如果说当今的影视剧场什么片种最收欢迎，答案估计只有一个，那就是喜剧。

《非诚勿扰》

近年来，大部分国产电影都贴上了喜剧标签，可谓喜剧当道。如《非诚勿扰》、《疯狂的石头》、《人再囧途之泰囧》等等。在欧美，喜剧电影更是多年不衰，如《功夫熊猫》、《憨豆先生》、《小鬼当家》等多不胜数。为什么喜剧影片会成为炙手可热的类型呢？市场最有发言权。在我国，徐峥的贺岁喜剧《人再囧途之泰囧》狂收12.6亿元，观影人次达3900万，创造了华语片最高票房纪录；在美国，成本1800万美元的《小鬼当家》仅在北美的票房就突破了2亿元大关。

《疯狂的石头》

《疯狂的赛车》

绝大部分人走进电影院都愿意选择在笑声中寻找一种难得的快乐。据说二十多年前周星驰横空出世的时候，成龙就觉得不可思议：为什么星爷只不过闲闲地聊两句，耍两下嘴皮子，就能让观众手掌都拍烂了呢？其实，成龙大哥没必要这么纳闷，因为在电影这个问题

《功夫熊猫》

《憨豆先生》

上，让观众开心就是王道。

科学证明观看喜剧非常有益于健康。美国人曾经做过一个试验，试验过程中研究人员要求20位健康成年人分别观看片长在15~30分钟之间的悲剧和喜剧电影片断，观看的电影分别是战争题材电影《拯救大兵瑞恩》、喜剧电影《我为玛丽狂》。研究人员对参加者上臂动脉血液流动的情况进行了测定，结果发现看了悲剧电影片断后，20位参加试验者中有14人的上臂动脉血液流动速度减慢，但是在看完引人发笑的片断后19人的血液流速加快。研究表明，观看喜剧电影可以提高动脉血流的流动、锻炼心脏、促进循环、改善呼吸。可以说，观看一部喜剧电影相当于有氧锻炼或服用一个疗程的降固醇类药物。世界卫生组织设定的心理健康指标第一点就是幸福感，而喜剧电影就可以给人带来这种满足感、幸福感，每当我们回忆电影里那些有趣片段的时候心情就会好起来。

喜剧起初只用来指一种戏剧，它以夸张的手法、巧妙的结构、诙谐的台词及对喜剧性格的刻画，引人对丑的、滑稽的予以嘲笑，对正常的人生和美好的理想予以肯定。作为一种戏剧体裁，喜剧最早产生于古希腊，它的希腊

狂欢歌舞

文意为狂欢歌舞剧。它起源于农民收获葡萄时节祭祀酒神时的狂欢歌舞和民间滑稽戏，后来“喜剧之父”阿里斯托芬将其定型化，成为以艺术手段对社会不良现象进行讽刺和批评的重要方式之一。在长期的历史发展中，“喜剧”一词的含义逐渐突破了一种戏剧类型的限制，今天，喜剧包括轻松、逗人发笑的或虽然是严肃的但以轻松或讽刺的方式表达的戏剧、戏剧文学和表演节目等。

从喜剧的起源可以发现，喜剧与生俱来就有一种狂欢的味道，它内含了要打破传统的等级观点以及很多禁忌的精神。喜剧无疑具有一种百无禁忌的特质，所以最初的喜剧是一种以插科打诨为内容的滑稽表演。这种传统的喜剧观念长期被奉为金科玉律，直到文艺复兴时期一个人的出现才彻底地打破了这一束缚，这个人就是莎士比亚。

喜剧之父阿里斯托芬

说起莎士比亚，不能不提到他的家乡斯特拉福。“斯特拉福”原意是涉水过河的道路，位于沃里克郡，是地处英格兰中部的一个交通枢纽，也是一个历史悠久的小城。1564年，莎士比亚出生在斯特拉福镇的一座两层高的都铎式建筑里，他18岁就结婚生子，而有趣的是，突然有一天他厌倦了这种生活，于是毅然决然地跑到了伦敦，从一个跑龙套

莎士比亚

莎士比亚的家乡斯特拉福

莎士比亚四大喜剧

的演员开始做起，最后变成了一位世界著名的剧作家。

作为一位著名的剧作家，莎士比亚一生创作勤奋，共写了37个剧本，喜剧大多是莎士比亚早期创作的。其中《仲夏夜之梦》、《皆大欢喜》、《第十二夜》和《威尼斯商人》四部作品被称为“四大喜剧”。这些作品不仅具有很强的喜剧效果，同时还富有深刻的社会讽刺意味，成为世界戏剧创作史上的典范之作。莎士比亚之所以能够创作出那些伟大的作品，除了他有超凡的才华之外，与他生活的环境、年代息息相关。莎士比亚创作喜剧时，英国正处于伊丽莎白女王统治的鼎盛时期，王权稳固、统一，经济繁荣发展，莎士比亚这一时期创作的作品主要是表现那些自由自在的生命、人生的甜美、青春的幸福以及无拘无束的享乐。四大喜剧代表了莎士比亚喜剧艺术的最高成就，其基本主题是歌颂爱情和友谊。在莎士比亚的喜剧世界里，一切都是美好的，他的喜剧中几乎没有真正恶的角色，而只有丑角。对于有着种种人性弱点的人，莎士比亚的态度是善意的，他常常以幽默诙谐的笔调温和地揭露他们。有人说，看莎士比亚的喜剧，人们心头的悲伤忧郁、灵魂中的污泥积垢都会被温柔和诗情驱散、洗净。莎翁的喜剧代表着当时的一种新型喜剧，有人评价莎翁的喜剧风格是讽刺而不辛辣，充满着温柔亲切的情感，幽默而不浮华。莎翁的喜剧既不同于古希腊的喜剧，也不同于同时期其他作家的喜剧。不过当时莎翁喜剧的表现方式非常简单，仅仅局限于舞台表演，直到19世纪末，伴随着电影、广播、电视相继出现，喜剧的发展才有了更宽的舞台。

19世纪末，舞台喜剧开始被另外一种表现形式冲击，那就是电影。1895年，法国的“电影之父”卢米埃尔兄弟拍摄的第一批短片中，有一部仅仅2分钟的短片，但被堪称为“喜剧电影的鼻祖”，它就是《水浇园丁》。《水浇园丁》中表现出来的娱乐元素引得观众哈哈大笑，随后迅即扩展成最具戏剧性的元素，从此以后，喜剧开始占据类型电影的一席之地，并且融入所有电影剧作中，成为必不可少的叙事技巧。1912年，铁匠出身的滑稽戏演员麦克·塞纳特在好莱坞创办了一家启斯东制片厂，这里后来成为了喜剧类型片的摇篮。麦克·塞纳特开创了打闹喜剧，影片主要靠人物动作制造笑料，如扔奶油蛋糕、疯狂地追逐打闹、插科打诨等，演员用夸张滑稽的表演和各种笑料来吸引观众，戏剧化痕迹明显。直到卓别林的出现，才让喜剧在艺术上达到了更高的层次。

麦克·塞纳特

卓别林

提起卓别林，相信很多人脑海当中会浮现出一个经典的流浪汉形象。作为一名成功的喜剧天才，卓别林被誉为“电影界的莎士比亚”。他把喜剧电影这种一向被评论界低估的类型电影提升到了一种令人无

《摩登时代》

法企及的高度。1889年，卓别林出生在英国伦敦一个贫苦的演员家庭，10岁时便开始独立谋生。1913年，卓别林跟随剧团去美国演出时被塞纳特看中，从此开始了他的电影生涯。1914年，头戴圆顶礼帽、手持竹手杖、足蹬大皮靴、走路像鸭子的流浪汉夏尔洛的形象首次出现在影片《阵雨之间》中，这一形象之后成为卓别林喜剧片的标志，风靡欧美20余年。他一生共拍摄了80余部喜剧片，其中代表影片有《淘金记》、《城市之光》、《摩登时代》、《大独裁者》等。卓别林的喜剧是一种既让你笑得浑身颤抖又让你止不住地眼泪直流的悲喜交加之剧。

20世纪20年代正是美国经济大萧条时期，在历史上有着经济越萧条电影业越繁盛的规律，人们将这种规律称作“口红效应”。因为口红是一种比较廉价的消费品，所以每当经济不景气的时候，人们都是通过购买廉价商品来寻求生理上或者是心理上的安慰。同样，看一场不算昂贵的电影，就可以带来一个多小时或者更长时间的持续的满足感、幸福感或欢喜感，因此，喜剧电影一直是“口红效应”的受益者之一。卓别林的喜剧是一种悲剧与喜剧的交融，那个小流浪汉的卑微与难堪，常常通过哀怨的眼神与孤独的背影准确地传达出来，那种欢笑也常常是带着幻灭的笑。卓别林的悲喜剧电影展现着人生的悲剧，描绘着大萧条时每个普通人辛酸的生活，同时又抚慰着在经济危机中浮浮沉沉、朝不保夕的观众。

很多人认为默片的时代是好莱坞喜剧的黄金时期。直到现在各国各类的喜剧当中，我们都可以隐隐约约看到默片时期的喜剧元素的应用，比如夸张的肢体动作、丰富的面部表情等。从默片时代开始，好莱坞逐渐成为了美国电影的同义词。那时候，严格的审查制度使美国无声电影的主要成就表现在喜剧片、西部片和历史片3个方面，喜剧片则成为了所有类型片当中诞生最早、生命力最旺盛、观众群最广泛的一支。20世纪20年代，随着有声电影的出现，喜剧电影也变得和舞台表演一样多样化。从无声到有声，使原来的电影观念、技术和艺术手段、制作方式都面临着一场改革。这个时期，喜剧电影从单纯的取乐开始向追求思想性和艺术性发展，从对明星的崇拜开始转为对艺术的推崇。1933年的有声电影《一夜风流》就是当时的代表作品，《一夜风流》同样是诞生在美国经济大萧条时期，不过您千万不要因为它的名字而产生误解，因为这部电影描写的是一个普通的记者和一个富家女的浪漫爱情喜剧。影片把观众的注意力转移到了一个美好的世界，让人们暂时忘记了现实的苦闷，起到了抚慰心灵的作用。这部电影在反映社会的宽度、深度方面大大地超过了默片喜剧。影片虽然讲述的是一个爱情故事，但却以

《一夜风流》

夜班公共汽车的旅途为故事结构的主要场景，以普通人和旅途的自然景观为其展示对象，为人们描绘出一幅美国30年代经济大萧条时期的社会风情画，反映了美国社会普通人的生存境遇。除此之外，富家千金和刚被解雇的穷记者本来属于两个不同社会阶层的人，冲突的产生是必然的，导演又将他们置于同一辆公共汽车上，有利于男女主人公喜剧矛盾的展开与发展。更为有趣的是，大雨之夜停车住宿，因为女主人公的皮箱被偷，没有钱，男女二人只好以夫妻的名义同住在一间房里。两人之间的唇枪舌战、幽默风趣令人叫绝，这个场面被公认为世界电影史上经典的喜剧场面。

从《一夜风流》开始，好莱坞逐渐发展起一种特殊的喜剧流派，也就是情感世俗喜剧。后来的喜剧类型更加多样化，我们可以将喜剧大致分为3大类：浪漫爱情喜剧，简称浪爱喜；讽刺喜剧，简称讽喜；还有一个就是闹剧。无论什么类型的喜剧作品都应该具有两个特点：第一，让人身心舒畅；第二，让人在喜剧中感受生活，体会人生的真谛。

20世纪20年代电视媒介出现了，喜剧凭借这种大众传播媒介，摆脱了形式上的束缚，在电视喜剧的世界里总是有一些人能够脱颖而出、令人过目不忘，罗温·艾金森就是这样一位天造地设的喜剧演员。或许很多人根本不熟悉这个名字，但是他的电视形象可谓是家喻户晓，他就是被誉为“当代卓别林”的憨豆先生。《憨豆先生》是英国BBC的招牌电视喜剧的剧名，也是该剧主角的名字。大家可别小看了这颗“豆豆”，他在英国可拥有1800多万观众呢！憨豆先生是个有点笨拙、有点幼稚、有点单向思维、有点腼腆又有点短路的家伙，他平时的穿着是非常典型的英国保守中产阶级的装扮。剧中的憨豆先生对白极少，几乎都是靠丰富的肢体动作和变化多端的表情来呈现给观众喜感。美国《洛杉矶时报》曾经这样描述《憨豆先生》这部幽默剧在世界上的影响力：在非洲的某一个村落，一共有4间茅屋，其中3间都没有人，剩下的那间却几乎塞满了整个村子的男女老少。大家都围坐在屏幕前，屏幕上放映的正是英国BBC电视台的招牌幽默剧《憨豆先生》。憨豆先生之所以这么受欢迎，因为他创造了一种英国式的无厘头，他把英国式的幽默表现得淋漓尽致。在《憨豆先生》中，罗温·艾金森将英国人特有的呆板、一本正经和顽皮搞笑完美地融合为一体，代表了一种典型的英国式喜剧。除了《憨豆先生》系列电视短剧之外，罗温·艾金森还主演了多部电影，如《憨豆特派员》、《憨豆先生的假期》等。在这些作品中，罗温·艾金森大多延续了自己一贯的英式喜剧风格。

憨豆先生罗温·艾金森

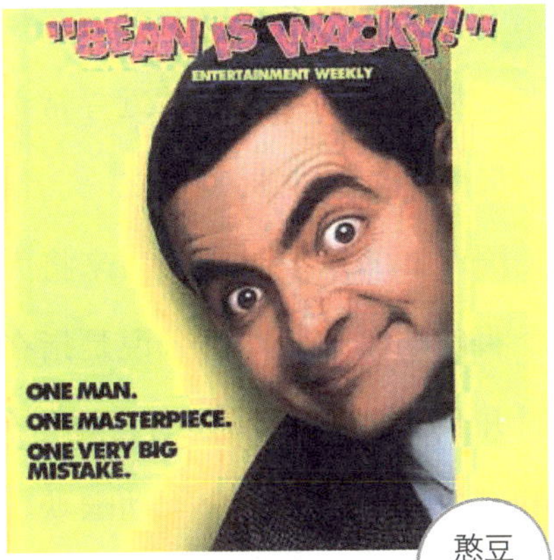

憨豆先生

世界各地喜剧片的基本特点是相同的，但是如何能够让人们大笑，每个国家喜剧元素的侧重点就有所不同了。恶搞是当今美式喜剧的主流趋势，《惊声尖笑》系列所创造的票房与口碑已经成为典型的证据；法国喜剧在世界喜剧片

中也占据着主流地位，法国人的幽默是众所皆知的，他们的喜剧电影其实是他们法式幽默的本能体现，没有任何刻意的修饰与安排，所有的笑点都来源于最真实的生活，这就是法国喜剧片的魅力所在。无论是美国式的荒诞，还是法国式的直白，抑或是英国式的含蓄，三个国家的喜剧风格不尽相同，但有一点却是相同的，它们都是世界性的喜剧，是没有文化障碍的喜剧。

有人说，随着人们生活水平的提高，社会已经进入了一个娱乐时代，于是欢喜、快乐、自在、解嘲等越来越成为文娱作品的主调。喜剧作品、喜剧电影、喜剧电视以及各式各样富有这种喜感、笑闹色彩的演示活动无处不在，从而产生了更加贴近寻常百姓的生活情景喜剧，在很多国家它已经成为了最受欢迎的电视节目之一。情景喜剧是一种喜剧演出形式，最开始出现在美国广播的黄金时代，后来将大本营搬到了电视荧屏上。情景喜剧并没有一个明确的定义，简单来说是指在摄影棚中拍摄，主要依靠段子、包袱制造笑料并且有伴笑、配音的喜剧。情景喜剧每一集的情节都非常紧凑、脉络清晰，另外，故事情节生动幽默、人物角色诙谐风趣是情景喜剧的最大特点。从《成长的烦恼》到《六人行》，再到《人人都爱雷蒙德》，众多的喜爱情景喜剧的观众就像过节一样，每天晚上准时守候在电视机旁。《六人行》是美国乃至全世界最受欢迎的情景喜剧之一，也被翻译成《老友记》，跟传统喜剧不同的是，它不是设定在家庭或者是工作场所当中，而是完全用友情来连接人物。法国的权威电影杂志称《六人行》是情景喜剧的里程碑。《六人行》是美国NBC电视台从1994年开播连续播出了10年的一部幽默情景喜剧，故事主要描述了住在纽约的6个好朋友从相识到一起生活了10年而经历的一系列故事。从制作上看，我们找不到任何特别的地方，但是只需看上一集，就没有人能逃脱那些异想天开的剧情、高潮迭起的故事情节的吸引力，尤其是

《六人行》

那些轻松而诙谐的人物对白，蕴含着一种独特的美式幽默，令人拍案叫绝。《六人行》之所以受到观众的欢迎，最重要的一点是它能够让人们在笑声当中看到和我们一样的普通人的生活。这些普通人在情景剧当中因为情感、原则、利益等问题产生矛盾、闹出笑话，同时，我们还能看到亲情、友情、爱情在这里升华。《六人行》无形当中成为我们日常生活的一面镜子，让人们学会生活，去欣赏生活当中那些真善美。

2010年，美国针对1005名美国成年人进行了一项有趣的民意调查，调查显示有52%的美国成年人通过网络观看或下载视频。在观看在线视频的成年人中，有50%表示观看了喜剧类视频，43%表示观看了新闻类视频，其中喜剧类视频最受欢迎。在如今这个经济飞速发展的时代，人们在生活中奋斗的同时充满了焦虑感，而喜剧片可以让人的自我情感得到宣泄，在圆满的故事中寻找到一份难得的心理安慰。欣赏这些饱含真情的喜剧作品就像吃到了一颗颗开心果，细细回味那些令人捧腹大笑的笑料才发现，都是我们习以为常的生活片断，只不过换了一种超越常人的眼光。重新审视后会发现，喜剧其实就是根植于我们精神生活的一种无形的财富，我们没有办法拒绝喜剧，就像我们没有办法拒绝生活或者不热爱生活。

百慕大

有一片浩瀚的海域让人感到既神秘又畏惧，它让人们谈之色变，甚至被称作最接近死亡的魔鬼海域，这就是百慕大。

百慕大——最接近死亡的魔鬼海域

一直以来人们对宇宙外太空有着无限的向往，探索的脚步从来没有停止过，但是又有多少人知道就在我们所依赖、所熟知的地球上的某些角落，依然藏着许多未解的谜题。接下来就要谈到一条线，许多令人惊叹的自然景观和璀璨的文明都齐聚在这条神秘而奇特的线上，它就是北纬30°。这条神奇的北纬线贯穿了玛雅文明、著名的埃及金字塔、世界最高峰珠穆朗玛峰等。除此之外，在这条北纬线上还有一片浩瀚的海域让人感到既神秘又畏惧，它让人们谈之色变，甚至被称作最接近死亡的魔鬼海域，这就是百慕大。

地球北纬30°线是一条能引起人们关注的纬线，而最引人瞩目的应该是这片位于北美洲东面、大西洋上的神秘水域，光听名字就让人心里一颤，百慕大——魔鬼三角区，它是由百慕大群岛、波多黎各岛和美国佛罗里达半岛所构成的三角形海域。很多人把这片海域叫作死三角、鬼三角或魔鬼三角，之所以有这么多令人生畏的名字，是因为很多飞机和轮船的失踪都与这片海域有关。这里究竟发生过哪些离奇的神秘事件呢？我们先看一组数字：从1880年到1976年，在这将近100年的时间里，百慕大地区大约发生了158起神秘失踪事件，其中最集中的97次发生在1949年之后的30年里，至少有将近2000人在此期间丧生或者失踪。即使到了今天，很多富有经验的飞行员或海员通过这里的时候都无心欣赏海上的风光，而是提心吊胆唯恐碰上那种厄

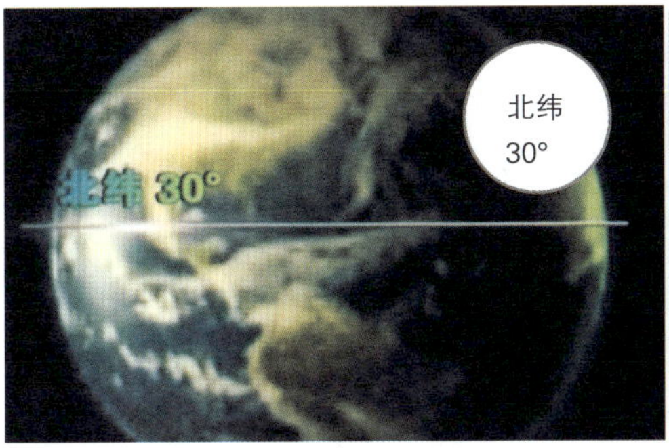

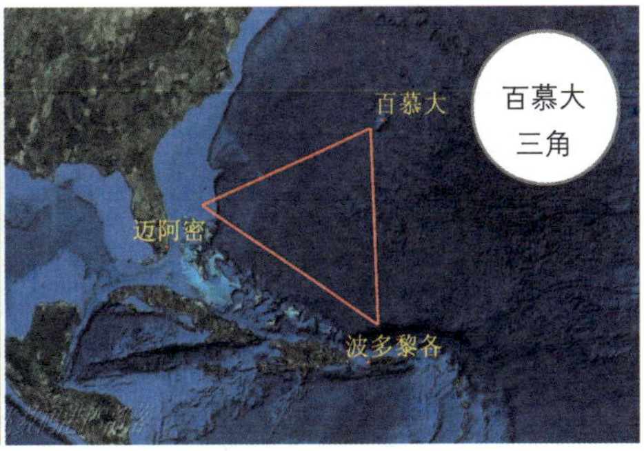

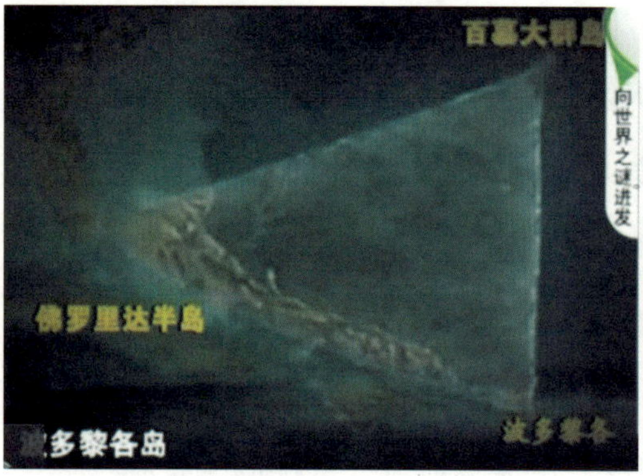

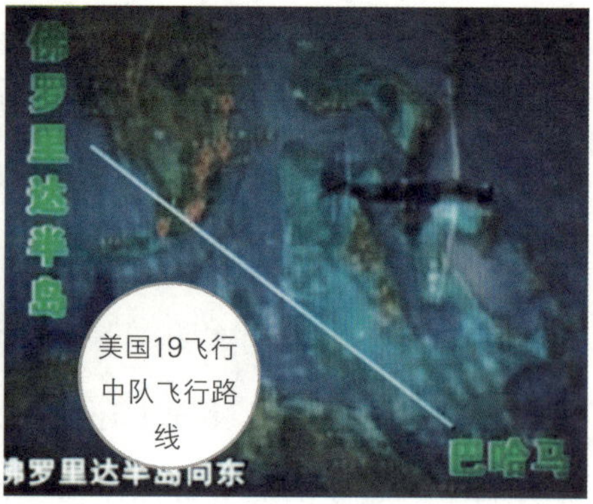

运，不明不白地葬身鱼腹。究竟是什么原因让人们对百慕大如此敬畏？茫茫大海的深处又隐藏着多少秘密呢？

在北大西洋的辽阔海域上躺卧着一座孤独的海岛，这就是著名的百慕大岛，岛上气候宜人、四季常青，被誉为旅游者的天堂。然而这座海岛所在的百慕大海域附近离奇事件却时有发生，许多飞机和船只会突然地在天空和海洋中消失。百慕大最开始被人们注意到是因为60多年前的一宗谜案：1945年12月5日，当时正是二战结束后不久，美国空军第19飞行中队组织学员进行飞行训练，中队长泰勒上尉率领14名年轻的空军士兵，驾驶5架鱼雷轰炸机从佛罗里达半岛向东飞越大西洋抵达巴哈马群岛上空，在飞行了两个多小时后，19飞行中队在百慕大上空遇到了一个麻烦。泰勒上尉通过无线电报告基地指挥部说他确定不了方位，控制中心立即通知他们返航，但是就在这时，意外的事情发生了。无论控制中心怎么呼唤，飞机都没有再传回任何信息，没有人知道这个飞行中队遭遇了什么样的事情，他们就这样神奇地消失了。然而故事到这里还没有完。第二天基地的指挥部展开了搜救行动，派出了几架海上搜救机进行搜救，结果其中一架满载着13名队员的飞机也离奇地人间蒸发了。短短的两天时间里有6架飞机、27名飞行员失踪，事情越发显得奇怪。究

竟是谁在作怪呢？难道是飞行员们被天空吞噬了吗？在众多的猜测中有一种说法是那天出现了极端的天气。我们都知道全世界的极端天气都会给海运、空运带来巨大的灾难，而在百慕大最常见的极端天气就是飓风。但是飓风季节只有6个月，从每年的6月份到11月份，但有许多失踪事件是发生在这6个月之外的，就像第19飞行中队离奇失踪事件发生在12月，由此可见被飓风卷走了的说法显然不攻自破。那会不会还有其他什么原因呢？难道真的像电影《第三类接触》说的那样，他们被绑架到了外星球上？但是经过有关部门的调查之后，对于泰勒迷航的原因有一种比较合理的解释，即人为造成的。因为当时地面控制塔接到了泰勒的第一次报告之后说：你那里的声音听起来不大清楚，是不是遇到了云层所以信号不好？但是泰勒仰仗自己多年的飞行经验，感觉应该没事。此时地面雷达根本扫描不到他们，当时这几架飞机已经偏离了原定的航线，只不过泰勒自己不知道而已，就这样泰勒浑然不觉地朝着死亡之地靠近。那么，我们是不是就此可以判断这起百慕大的神秘失踪事件是人为因素造成的呢？

在第19飞行中队消失后不久，美国海军调查人员就已经得出结论：泰勒上尉因为判断失误应该对这一事故负有责任。但是迫于泰勒家人的压力，美国海军最高当局只好把事故原因归结为坏天气和一些未知因素。就因为这么一句未知因素，引发了很多人的猜想，于是第19飞行中队的失事成了百慕大魔鬼三角中最为人们津津乐道的神秘故事。这件事在传播中又被有意无意地添油加醋，将恶劣的气候说成当时天气很好，飞行学员也被说成是有经验的老手，而那架失踪的救援飞机也只是出动的众多救援机中的一架。如果这次普通的飞机事故是由于泰勒指挥不当而引起的，那么还有很多的飞机在这片海域离奇地消失，很多人都在这里丢掉了性命，难道他们跟泰勒一样是由于个人的原因而造成的吗？未免太巧了。

如果说这个飞行中队的失踪引起了人们对百慕大的争议，那么25年之后在同一个地区，飞行员杰农的航行就更加增添了百慕大的神奇色彩。据说他是在百慕大死里逃生的人，这到底是怎么回事儿呢？当时飞行员杰农和乘客打算从巴哈马的安德罗斯岛飞到比米尼岛，然后直飞棕榈海滩，出发后风云

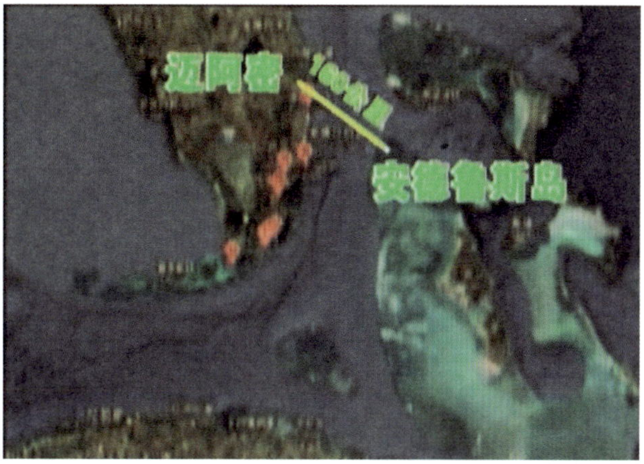

突变，暴虐的雷阵雨在百慕大上空形成。杰农不得不绕着暴风雨飞行，他发现正前方有条像通道的小缝，于是加速飞向缺口，就在飞机穿过通道的一刹那，不可思议的事情发生了。飞机周围的云层中出现了一些古怪的线条，而且云层开始在飞机周围旋转，他甚至感到失重，导航仪也全部失灵了，更令人惊奇的是，在同一时间地面控制塔无法在雷达上找到杰农的飞机，当杰农靠着自己15年的驾驶经验成功穿越云层的时候，他发现事情有些不大对劲。原本应该在墨西哥湾暖流附近的杰农却发现雷达显示他已经在迈阿密的上空了，这点是说不通的，因为两个地方相差160公里，他根本不可能在3分钟之内穿越这么远的距离。事实上，即使是当时最快的战斗机，3分钟也只能飞行150公里，而杰农驾驶的是老式飞机，怎么可能飞得过去呢？在很多科幻电影中经常说在地球的某些地方存在着我们人类还不知道的时间隧道，身处这些时间隧道中时间会变快或者变慢，有没有可能百慕大就是这样的一个地方呢？有专家通过对那天的天气进行研究发现，他们其实是受困于电子雾中，电子雾能够干扰飞机上的雷达和计时器，也能够阻碍来自地面塔台发射的信号，所以杰农才以为他只飞了3分钟。其实电子雾就是一种电磁异常的现象，这种现象在我们中国也有。在昆仑山山谷中，明明是万里无云的晴天，但是却经常发生人和动物被雷电击毙的怪事。考察团经过考察后发现，这里的云层中的电荷和谷地里的磁场相互作用，使这里成为了多雷区，产生了电磁异常。昆仑山的磁场异常能够产生击毙人和动物的怪事，而杰农所遇到的磁场异常就可能让飞机上的雷达或是计时器产生紊乱，同样我们或许可以从杰农的例子中推测出其他飞机失事的原因。

然而在百慕大众多的事件当中除了天上消失的飞机，还有海上消失的船只。据统计，最近100年里在百慕大海域上消失的船只多达50多艘。有些人说百慕大这里具有危险而神秘的力量，他们坚信来过这里的人都迷失了方向，把船开进了虚空之中，所以找不到他们的踪迹。在百慕大船只失踪案中最为著名的一例是美国海军的运煤船“独眼巨人号”。这是一艘长达165米、拥有309名水手的巨型货轮，在许多人看来美军“独眼巨人号”的失踪是百慕大三角一大未解之谜，也是迄今为止最为神秘的美国海军海上失踪事件。“独眼巨人号”在驶过百慕大海域时突然消失，没有呼救、没有踪迹，如此庞大的一条巨轮又有无线电通信设备，怎么会连SOS求救信号都没有发出就失踪了呢？人们无从解释，只是在百慕大三角区出现的船只失踪事件，让专家觉得和宇宙黑洞现象太像了。黑洞是指天体中的晚期恒星所具有的高磁场、超密度的聚吸现象。我们虽然看不见它，但它却能吞噬一切物质，包括光线，因此它就像一个黑色的无底洞。失踪船只是不是被怪物一样的宇宙黑洞给吞噬了呢？不少学者认为黑洞连星星都能吸走，更别

说几艘小船了，但是反对这种说法的人也不少。其实早在400多年以前，最早驶过这片海域的哥伦布就遇见过奇怪的事。1502年，哥伦布第四次渡过美洲的时候曾途经百慕大三角区。有一天哥伦布同船上的同伴站在甲板上欣赏着美丽的海上风光，当时晴空万里、风平浪静。正当哥伦布被眼前的美景陶醉时，却风云突变，刹那间天昏地暗、狂风四起，海水卷起了几十米高的浪头，像一堵水墙朝甲板袭来，船上所有的导航仪器在一瞬间全部失灵，船员们顿时晕头转向，辨不清方向，最后他们经过了几个日夜的努力，才幸运地在狂风恶浪中脱险。

几百年来，百慕大海域不断发生船只离奇失踪事件，科学家们在对这些案例进行研究的时候也都非常困惑，因为他们无法给出一个合理的解释。有些人说百慕大具有一种神秘的力量，就是所谓的超自然现象，它指的是现实中无法再现或者是现有理论无法解释的现象。为了证明这种现象的存在，这些人找来了证据。自从失踪的事件发生以来，有关百慕大三角的报道层出不穷，它留给了人们很多谜题，于是热衷于此的人开始不断地寻求证据来支持这一海域有神秘力量的说法。他们主要的依据有几点：第一，百慕大三角

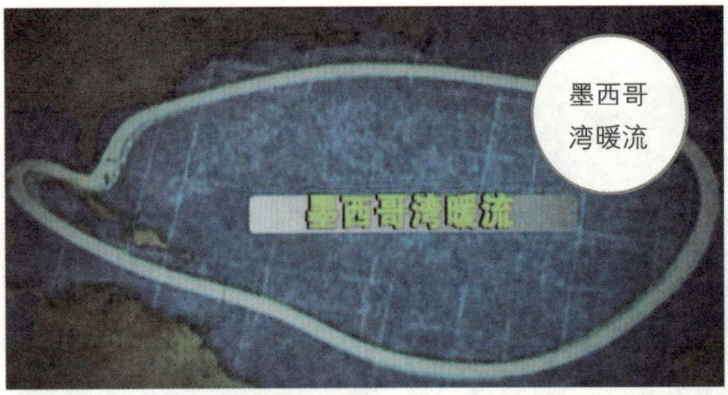

的海上失踪率非常高，超过其他海域；第二，船失踪前好像还没有来得及发出求救信号就人间蒸发了；第三，事故发生之后没有留下任何痕迹和线索；第四，在这个三角地区有一种磁力或磁场使罗盘失灵。就在部分人还坚信这种神秘力量的说法的时候，科学家又有了一个新的发现，科学家们的研究发现让人感到很不安。专家经过对墨西哥湾暖流的反复研究，终于发现了一个恐怖的杀手——巨浪。它的规模是周围波浪的十倍，这些巨浪来自海洋最深处，瞬间从海面下把船只卷走。为什么海洋能产生如此大的巨浪呢？百慕大海域的地形十分复杂，这里有著名的墨西哥湾暖流流过，如果遇到暴风雨，这个位置就会产生无数凶猛的巨浪，向南推动，在岛屿背后巨浪汇合，高达上百米，相当于三十多层楼高，而这个威力巨大的自然现象也曾经被搬上银幕。

百慕大海域那些船只被巨浪卷走的说法比之前黑洞的说法、神秘力量的说法更加有理由让我们信服。支持巨浪说法的人把400年前哥伦布遭遇到的奇怪事情也归结成是巨浪惹的祸。他们提出一个非常有力的证据，说当时哥伦布在给西班牙国王的信中说：浪涛翻卷，一连八九天我两眼看不见太阳和星辰。我一辈子见过各种风浪，可是从来没有见过时间这么长、这么狂烈的风暴和巨浪。哥伦布很幸运地活下来了，但是很少有人能够像哥伦布这样幸运地活下来。巨浪的说法提出没有多久，一些反对这种说法的人就产生了质疑，既然船只是被巨浪卷走的，那为什么找不到船的残骸呢？那些残骸到底去哪里了？在百慕大三角范围内的海底，可以发现一些典型的大西洋的特征，正是这些特征让人们几乎无法找到失事的船只。百慕大的海底看上去像沉寂的火山，和1980年暴发前的圣海伦斯山一样高。往南走，平坦的不毛之地与阿拉斯加一般辽阔，全是淤泥和沉积物。南部顶点的波多黎各是大西洋最深的地方，超过了8000米，任何船和飞机撞毁在这片区域，都是永远也无法找到的。西面沿着加勒比岛升起的是西南高原，布莱克崖是三角区最陡峭的悬崖，几乎是帝国大厦的20倍高。大陆架由绵延几百公里的和缓的沙坡构成，可见独特的地形、凶猛的巨浪才是让众多船只消失的真凶。

百慕大可以说是很多航线的必经之地，因为它的地理位置处在美国东南沿海的迈阿密、中美洲的波多黎各和百慕大群岛这3个点的交会处。这块区域把墨西哥湾的出口几乎全部覆盖，美国东南沿海、墨西哥湾东岸的各大港口进出的船只都要经过这片海域。此外，墨西哥湾的海底蕴藏着储量巨大的石

油资源，石油开采出来后都得通过这片海域运送出去。百慕大除了是很多航线的必经地之外，这里也是很多驴友向往的旅游胜地。百慕大海域附近有美国佛罗里达半岛、巴哈马群岛，这些地方风景秀丽、气候宜人，是著名的旅游度假首选之处。飞机、游船不断往来于百慕大海域，繁忙的航运和旖旎的风光是促使人们屡屡经过这片海域的原因。

实际上，林林总总的被反复提及的百慕大三角失踪案不过200例，失踪的飞机和船只约有250架，虽然百慕大海域中的

那些失踪事件大部分已经被人们解释清楚了，但是今天依然有许多新的传说产生。也许是因为那些失去亲人的人们更愿意相信那些失踪的人依然活着，只是被神秘的力量带走了，总有一天他们会被送回家。

传说之所以那么神秘，不仅是人们对未知事物的幻想，也是因为我们不了解事实的真相。通过百慕大探秘，我们知道百慕大的种种神秘事件其实都是可以解释的，比如巨浪掀翻船只、海底的淤泥掩藏了残骸、天上的电磁异常现象导致了飞机的迷航，所以“魔鬼三角区”这个词只是被那些传说虚构出来的。不过那些离奇的传说，还有人们丰富的想象力，也为这片旅游胜地增添了一些神秘的色彩，就像我们虽然知道童话故事是假的，但依然爱听童话一样。

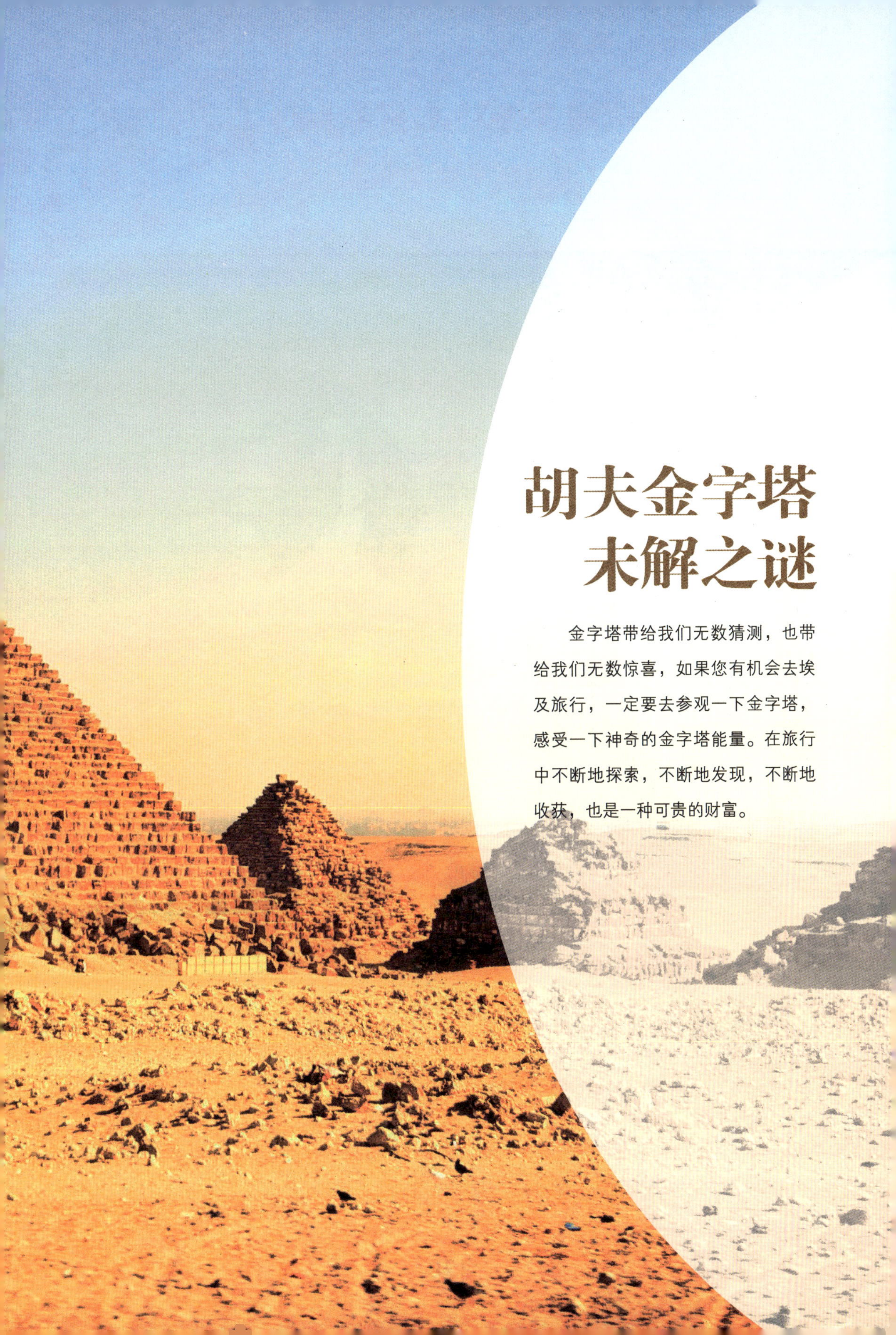

胡夫金字塔未解之谜

金字塔带给我们无数猜测，也带给我们无数惊喜，如果您有机会去埃及旅行，一定要去参观一下金字塔，感受一下神奇的金字塔能量。在旅行中不断地探索，不断地发现，不断地收获，也是一种可贵的财富。

金字塔，神奇的古老文明

在北纬30°的地方，存在着很多神奇的古老文明，比如古埃及的金字塔、古巴比伦的空中花园、中国的三星堆遗址、神秘的玛雅文化等等。下面要说的是金字塔。关于金字塔的传说非常多，有人说金字塔不是法老的墓穴，而是外星人用来停放飞船的；还有人说金字塔根本不是建造出来的，而是某个神秘部落用魔法变出来的。

在众多的传说中，有一件事挺奇怪，就是有人在金字塔中发现了很多小动物的干尸。最令人不可思议的是，这些小动物的干尸都是自然形成的，没有经过任何人工处理，这让我们想到了埃及的木乃伊。古埃及人为了保证人死后尸体不腐烂，就把人体内容易腐蚀的内脏全部取出，然后把很多香料添加到里面，年头久了，尸体干瘪，就形成了木乃伊。通俗点说，木乃伊就是人工干尸。但是，金字塔内的小动物并没有经过任何人工处理，又是什么原因让它们变成干尸的呢？难道金字塔存在着什么神奇的力量吗？为了解开这个未解之谜就让我们来一次金字塔的探秘之旅吧。

吉萨金字塔群中最著名的3座金字塔之中，最高的一座是胡夫金字塔。在20世纪40年代，一位法国游客在参观胡夫金字塔的时候，不经意向被当成垃圾的罐子里一看，发现这些罐子里放着猫和老鼠的干尸！这位游客以为这是金字塔管理员用来吸引游客的手段，就没太在意。但是，这件事情却引来了很多专家的关注，他们认为这些干尸并不是被故意放在那里的，而是在金字塔内自然形成的。要知道自然干尸的形成，对环境的要求极为苛刻。第一，一定是在没有细菌的环境下；第二，空气必须特别干燥，或者是在没有空气流动的密闭空间中。只有同时满足这两点才可以自然形成干尸。而金字塔每天要接待上千名游客，空气中会夹杂着很多细菌，这样的环境不可能使干尸自然形成。那么，究竟是什么原因使这件奇怪事情发生的呢？

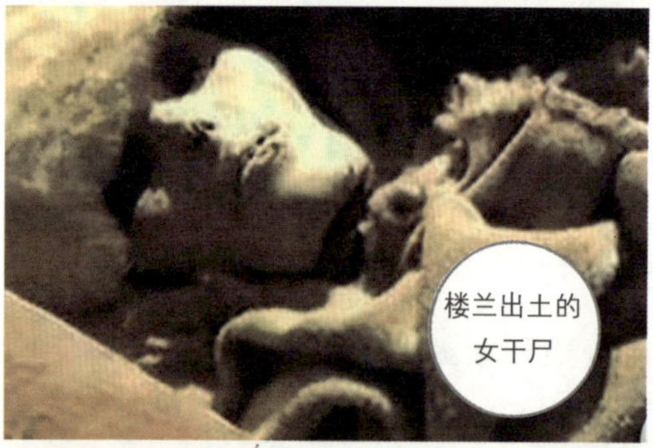

从楼兰女干尸的例子中一些专家得到了启示，觉得金字塔里小动物的干尸是因为沙漠的干燥环境造成的。但是持反对意见的专家们有了新发现，他们发现金字塔外面的空气虽然很干燥，但是金字塔里面的空气湿度却很高。为什么金字塔内外的环境反差会那么大呢？其实金字塔是一个相对密闭的空间，就像夏天的地下室一样，外部的高温加上室内空气不流动，导致它里面空气非常潮湿。专家们测算出金字塔内部的湿度高达80%。要知道空气湿度高于65%时，病菌滋生最快，饭菜之类很快会馊掉。如果动物在金字塔内部死了，很快就会腐烂掉，更别提形成干尸了。既然与沙漠干燥的气候无关，那又是什么原因呢？

一些专家认为问题出在涂料上，就像我们装修房子，所用的涂料里面都会含有甲醛之类的气体。如果我们长期接触这些涂料，就会觉得头晕、恶心，更严重一点可能还会患上一些疾病。可是经过建筑学家对金字塔内部进行检测扫描，让他们吃惊的是，金字塔内部竟然没有用任何涂料。金字塔内小动物自动变成干尸的怪事到底是怎么造成的呢？

就在科学家们对这件怪事一筹莫展的时候，一位专家提出了一个大胆的设想，或许和金字塔的特殊形状有关。金字塔的形状有什么特殊的？不就是我们生活中常见的三角形的吗？这个底边是正方形、四面是等腰三角形的建筑，如果采用现在的技术，从机械开采巨石到水泥进行浇筑，也得需要几年的时间才能建成。但是早在4500年前，当世界上很多地方的人还在为每天住在哪里发愁的时候，古埃及人就已经用双手建造出了金字塔。令人好奇的

金字塔

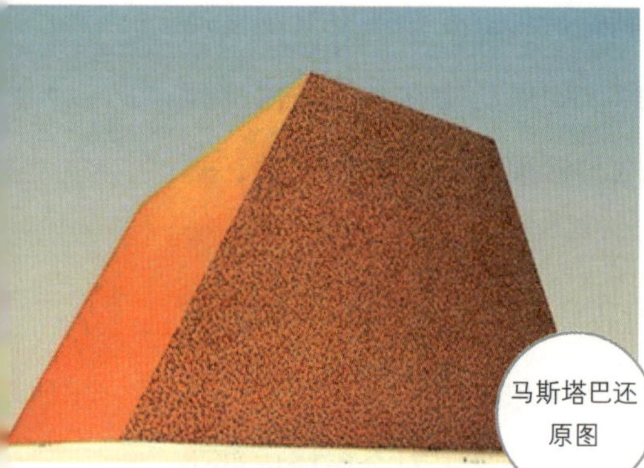
马斯塔巴还原图

是，他们为什么要把金字塔建造成这样一个奇特的形状呢？金字塔建成这样的形状有一个特殊的原因，据说这个形状有利于他们的灵魂重回天界。

古埃及人不仅仅崇信来世的观念，他们对太阳神也是非常虔诚的。太阳神在古埃及人心目中是地位最崇高的神灵。传说太阳神的名字叫作“拉”，古埃及第一代法老王就是太阳神，以后各代的法老王都是太阳神派到人间的使者，代替太阳神统治国家。就像中国皇帝都被称为天子一样，古埃及所有的法老王都被称为“拉之子”。古埃及人深信，只要在法老王死后保护好他们的尸体，他的灵魂就不会散、不会消失，300年之后法老王就会在极乐世界中复活并且永生，而他的陵墓就是他重回天界的通道。正是基于这样的观念，法老们才觉得传统的“马斯塔巴”又矮、离天又远，不像新设计的阶梯状金字塔可以帮助他们顺着这些阶梯重回天界。因此在第一座金字塔修建完成之后，埃及法老们纷纷效仿左塞王，大肆修建自己的墓穴，在古埃及的历史上掀起了一阵金字塔的营造之风。就这样，四角锥型的建筑出现在了历史的舞台上。

为了证实金字塔的特殊形状所产生的能量是导致小动物尸体自然变干尸的原因，一位名叫博维尔的捷克无线电工程师在自己的家中用马粪纸，就是我们经常说的纸壳箱子制作了金字塔的模型。他做了几个30多厘米高的小金字塔，在模型中放了鲜花、蔬菜，本以为这些蔬菜和水果会干掉、烂掉，几天之后，他惊奇地发现这些鲜花和蔬菜依然很新鲜，似乎冥冥之中确实存在某种能量。这样的结果使博维尔信心大增，他开始琢磨金字塔产生的这种能量对金属会有什么效果，于是，他把刮胡刀放在了模型中，神奇的事情发生了，刀片并没有变钝，而是更加锋利了。后来，他又做了一个比较大的金字塔模型，并在模型里放了一只死去的猫。几天之后，他吃惊地发现，死去的猫变成了干尸。经过这一系列的实验，他认为金字塔确实存在着一种特殊的能量，这种能量使金字塔内部能够违背自然规则，促使小动物的尸体自然变成干尸。那么，这到底是什么能量呢?

实验得到证实后，很多商家把金字塔能量引用到自己的产品中，像牛奶的包装就是利用了这个原理。与牛奶其他的包装样式相比，这种屋顶式的包装对牛奶的保鲜效果更好，存放鲜奶的时间更长。还有人说，如果把普通

利用金字塔能源制作的商业包装

的自来水放在金字塔的模型里，用这些经过金字塔能量作用的水洗脸，可以使皮肤更光滑。尤其是脸上长了青春痘之类的人，用这样的水洗脸，比广告里治疗粉刺的化妆品效果还要好。而就在人们纷纷开始使用金字塔能量的时候，出现了一个可怕的传说。据说曾经进入过金字塔的考古人员，很多人都会在几年之间莫名其妙地死去。这难道也和金字塔能量有关吗？

美国的一项调查报告表明，100名曾经进入金字塔的人中，未来10年内死于癌症的可能性高达40%。几十年来，一些进入金字塔考古的科学家，绝大多数都会染上不治之症，或者因为意外事故莫名其妙地死去。金字塔的特殊形状所产生的能量，对于小动物的尸体、蔬菜、水果、金属等没有生命的物体有保鲜的作用，但是为什么竟会让人奇怪地死去呢？是不是金字塔内部还隐藏了其他的秘密？

1972年，一位西班牙女游客慕名来到埃及参观金字塔，本来旅游是件很愉快的事情，她的兴致也很高，可就在刚刚进入金字塔的时候，她突然大叫一声然后晕了过去。工作人员只好把她抬出金字塔，幸好她又很快地恢复了正常。后来又有一位女性游客同样来到埃及参观金字塔，进去的时候还好，没有像之前的那位西班牙游客似的晕倒，可就在她即将离开金字塔的时候，突然晕倒在地，就此一命呜呼。专家对这两件事情十分不解，后来，经过心

理专家分析，其实都是心理因素造成的。很多游客在好奇心的驱使下来到金字塔进行参观，但是他们往往都没有做好心理准备，在金字塔阴暗而幽长的通道前，很多人都受不了心理的压力，精神崩溃了。

1989年，一支来自美国的考古队同样进入了帝王谷的一座古墓中，然而，他们并没有离奇死亡，到现在每个人都生活得很好。同样是进入古墓的考古队，出来后的结果为什么会截然不同呢？经过科学分析后，原因很简单。其实封闭千年的墓穴中，由于尸体的腐烂，会产生大量的真菌和氡气，这对进入古墓的考古队员的身体是极大的伤害。20世纪二三十年代，纳冯爵士带领的考古队员没有做任何防护措施，最多只是简单地在鼻子下面绑上一块橘子皮，挡挡古墓中的怪味罢了。而来自美国的考古队员却做了严密的防护，他们在进入古墓的时候都穿戴上了防护的服装，戴上了面罩和手套，阻止了氡气的吸入和与真菌的接触。

图坦卡门法老面具

发掘图坦卡门墓穴的纳冯爵士

由此可见，法老的诅咒只不过是以讹传讹罢了，真正的凶手是古墓中的真菌和氡气。金字塔带给我们无数猜测，也带给我们无数惊喜，如果您有机会去埃及旅行，一定要去参观一下金字塔，感受一下神奇的金字塔能量。在旅行中不断地探索，不断地发现，不断地收获，也是一种可贵的财富。

向世界之谜进发——

玛雅

玛雅曾经拥有辉煌的文明，也留给我们许许多多神秘的未解之谜，也许您去墨西哥旅行时会有机会发现一个新的玛雅人未解之谜。

玛雅，神秘预言的诞生地

2012，这个特殊的数字似乎跟每个人都有关系，因为一直流传着关于2012年是世界末日的传说，而且有很多人都相信它是真的。这个传说其实来自那些几千年前就消失的玛雅人。我们都知道，曾经有很多人预言过什么世界末日、人间灾难等，却都没有发生，都被大家当作笑话来看。那为什么玛雅人的预言就有好多人相信呢？据说玛雅人曾做出过的很多预言都实现了，比如他们预言过希特勒的出现，还预言过汽车、飞机的诞生，这都提高了玛雅预言的可信度。玛雅人到底是怎样的一群人呢？今天就让我们一起去他们曾经生活的地方——墨西哥的丛林做一次探秘之旅。

在墨西哥南部隐秘的森林中，静静地矗立着一座石头建筑，这就是玛雅人的库库尔坎金字塔。公元前2000多年，神秘的玛雅人就生活在这片森林中，在这里他们建造了宏伟的城市，发现了天体运转的规律与数学的奥秘，甚至还有发展完善的文字、科学与医学系统。然而当时整个世界都还处于石器时代，那个时候没有电力，没有任何金属工具，玛雅人却创造了奇迹般的玛雅文明。一直以来人们对玛雅的了解并不多，但最近几年因为玛雅的末日预言，使玛雅文明成为世界关注的焦点，无数的书籍、网站、报刊和电视媒体都在争相讨论这个预言能否实现。相信的人将玛雅预言与一些自然灾害和

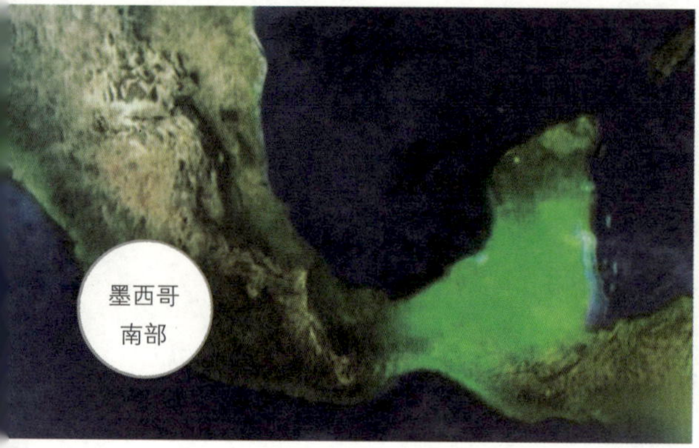

天文现象联系到一起，认为2012年地球上肯定会有一场毁灭性的灾难发生；不相信的人则认为这一切都是无稽之谈。

玛雅预言到底是科学还是迷信，这个问题一直困扰着我们。为了解开这个谜题，19世纪的时候就有大量的科学家、考古学家、语言学家等专家到墨西哥南部的丛林当中进行探险和研究，他们希望在玛雅的遗迹中找到这个问题的答案。但是那片森林的地形非常复杂，而且遗迹散落的范围非常大，想要找到证据还真不是一件容易的事。

其中一支探险队在一个玛雅古城中迷失了方向，然而误打误撞地让他们发现了一个深入地下的洞穴，在洞穴里他们有了一个重大的发现。探险队居然找到一个疑似玛雅人的头骨，在这个头骨上面居然有开过刀的痕迹。难道这就是传说中的开颅手术吗？在璀璨的玛雅文明中充满了让我们震惊与困惑的谜题，比如玛雅的医学发达程度。聪明的玛雅人很早就发现了草药的应用，他们在森林中找到了上百种的草药。不仅如此他们还发明了放血疗法，用于治疗中毒或者发烧的人，这跟中国的针灸有异曲同工之妙，但是却比针灸提早了上千年的时间。最令我们震惊的是，考古探险队在玛雅的地下洞穴中发现了他们曾进行过开颅手术的证据。在探险队发现的头骨上有人为凿开的痕迹，并且这些痕迹还曾经愈合过，这说明这个玛雅人在做过开颅手术后依然存活并且康复了，这一发现不仅将人类开颅手术的发明提早了几千年，而且通过专家们对玛雅人医学的研究还为现代人在条件恶劣的情况下进行急救医疗提供了丰富的经验与方法。

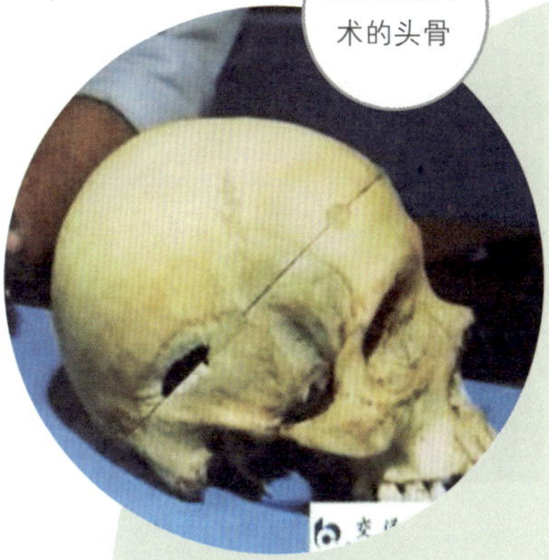

做过开颅手术的头骨

让人惊奇的不仅是这些做过开颅手术的头骨，在玛雅遗址的挖掘中，一个让人不敢相信仿佛神话一般的物品惊现在人们的眼前，那是一个非常精致的水晶头骨。1927年，在玛雅神庙中发现的水晶头骨用一整块水晶雕刻而成，高约12.7厘米，重约5.2公斤。据说这大小跟真人的头骨一

中国的针灸

水晶头骨

样，而且是依照一个女人的头骨雕成的。根据玛雅的传说，这个头骨具有神奇的力量，它是玛雅神庙中占卜用的重要用具。专家们经过对头骨的表面和内部结构的研究确定这是玛雅时代遗留的文物，但是水晶头骨的构造却让专家们越来越迷惑。令专家们非常迷惑的是，这颗水晶头骨雕刻得非常逼真，不仅外观而且内部结构都与人的头骨骨骼构造完全相符，而且隐藏在头骨底部的棱镜和头骨眼窝里用手工琢磨的透镜片组合在一起时，光线一照就会发出炫目的亮光。我们知道近代光学产生于17世纪，而人类准确地认识自己的骨骼结构更是18世纪解剖学兴起以后的事，但是做这个水晶头骨的人却是在非常了解人体骨骼构造和光学原理的基础上雕刻成的。几千年前的玛雅人是怎样掌握这些高深的解剖学和光学知识的呢？从这个奇异的水晶头骨来看，也许玛雅人掌握的科学技术比我们所想象的还要高超得多，他们是怎样获得这些科学技术的至今还是个谜题。经过几年的研究后，专家发现这个头骨只是一个祭祀的用具而已，跟玛雅预言好像没有什么关系。应该去哪里寻找玛雅预言的证据呢？古埃及人会把一些大事画在墙上或刻在黏土板上，玛雅人会不会也这么做呢？

带着这样一个疑问，19世纪初，一支科考队伍在当地土人的带领之下，发现在一个神庙的墙上和石碑上刻有很多奇怪的符号，后来经过多年的研究，专家们终于翻译出一些结构比较简单的符号，它们是玛雅人的数字，而且里面居然还出现了数学运算。也许你觉得这没什么大不了的，可是在公元前2000多年的石器时代，其他地方的人还都过着用石头打野猪的生活，他们顶多掰手指算算今天打了几头野猪，手指头不够用了再数脚趾头。而那时候的玛雅人已经拥有完整的20进制运算体系了。根据历史上的记载，最早是古埃及人发明了简单的运算方法，过了几百年之后我们中国的商代出现了10进制的运算方法，而玛雅人比古埃及人提早了几百年，也就是说比我们中国人提前了1000多年。而且在玛雅人的数学当中还有很多东西让我们觉得非常神奇。举个例子，比如说一个像贝壳一样的符号就经常出现在他们的数字当中，这

玛雅文字符号

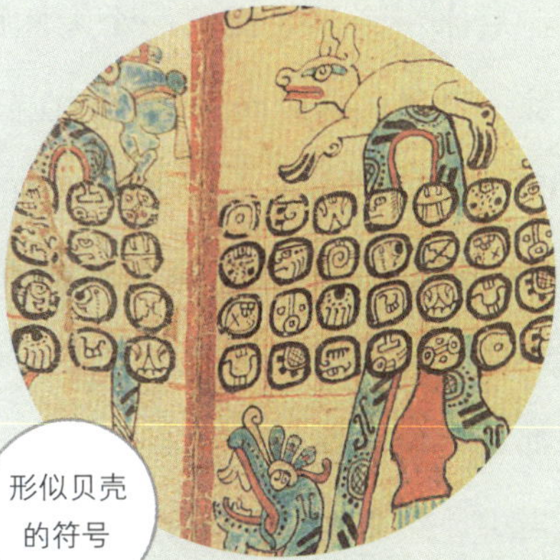
形似贝壳的符号

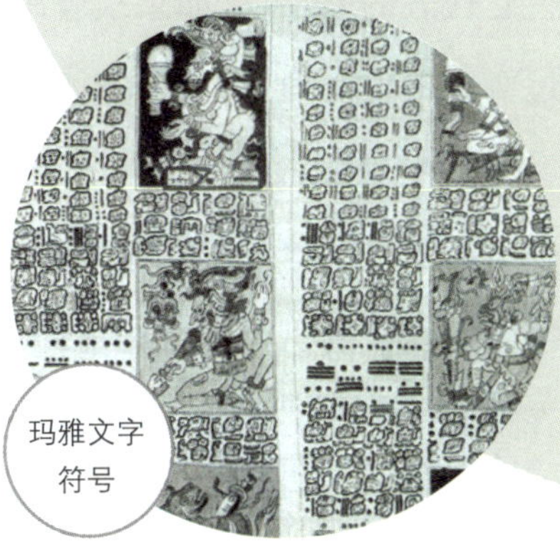
玛雅文字符号

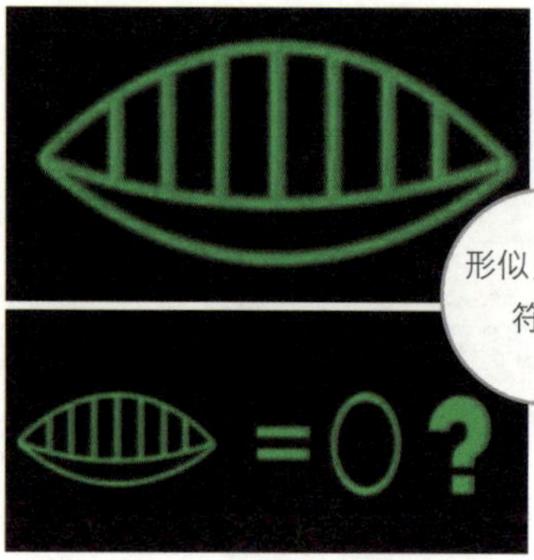

形似贝壳的符号

雕刻在建筑上的文字

个很像贝壳的图案令考古专家们十分困扰，它既不是文字也不是祭祀用的符号。后来一个学者提出一个大胆的假设，这会不会是数字“0”，这个假设震惊了世界。众所周知，大约在公元13世纪的时候印度人发明了数字“0”，“0”被广泛应用后数学界就迅速发明出小数点、负数甚至微积分等高等数学理念，而且没有“0”就没有现在的计算机语言，更不会出现如今影响着全球经济效益的几百种数码产品，可见“0”的出现对人类的历史与经济的发展都具有革命性的意义。专家把这个贝壳当作“零”代入到玛雅人的数学运算当中，结果解释不通的地方都变得通顺了，看来这个贝壳的数字意义就是“0”。那么玛雅的其他数字是什么样的呢？举个简单的例子，画一个黑黑的点，它代表的就是1；如果横着画4个，代表1234。这就是奇妙的玛雅数字，不过要是跟玛雅文字比起来，那就是小巫见大巫了。

考古专家们破译了数字之后，继续在那些复杂的文字符号当中寻找玛雅预言的踪迹。他们研究时发现玛雅的每个文字都包含多种意思，甚至有的文字按照现在的语言能直接翻译出一篇文章来。在中美洲的北部墨西哥南部的森林中，最早的玛雅人由简单的农渔生活逐渐建立了神权体系，为了向神更准确地表达崇敬之意，玛雅人发明了象形文字并雕刻在建筑、石碑、石柱上，以此向神明祈求平安和富足。这些象形文字非常奇妙，既有描绘形象的文字也有描绘意思的文字，甚至还有形容声音的，可以说是一种文字与声音的联合体，玛雅文字结构复杂，往往一个字包含了好几件事的意思。

随着神庙里的文字不断地被破译，考古探险队终于发现了玛雅预言的一丝线索——这间神庙的石刻文字里居然有玛雅人对太阳和星星的观测记录，还有对未来几千年的时间推算，这个发现让我们看到了揭秘玛雅预言的希望。经过几十年不断的破译，这些专家们发现石刻的文字就是玛雅人的历法，和日历差不多。不过玛雅人的历法不只是日历，精密复杂的玛雅历法是一度繁荣的玛雅文化仅存的遗产之一，专家们在历法中发现玛雅人计算出了地球公转的时间。现在科学家们利用各种望远镜、计算机等先进的设备得出了地球公转时间为365.2422日，而在公元前2000年也就是石器时代的时候，玛雅人就观测出地球围绕太阳旋转一周的时间为365.2420日，这跟我们现代人的计算结果只差0.0002日，也就是17秒左右。更令人称奇的是，玛雅人还计算出了金星与木星绕太阳一周的时间，误差与现在的科学观察也只差14秒。虽然玛雅人对天体的测算准确度非常高，但是他们并不理解那些天体的运行只是一种自然规律，玛雅人认为天上的星星包括太阳在内都是神的化身，为进行对神的崇拜，他们建造了祭祀用的金字塔，他们甚至觉得金字塔

记录祭祀过程的文字

石刻文字

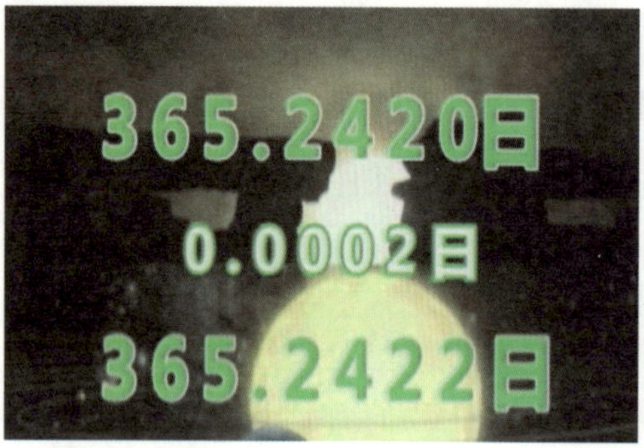

本身都具有神秘的力量。

玛雅的金字塔跟埃及的金字塔一样都被列为世界奇迹之一。有一座被玛雅人称为太阳的金字塔，塔的四个面形成非常标准的等边三角形，更让人吃惊的是这个金字塔北面墙上还有一个小窗户，如果你站在金字塔里面的正中央，正好能从这个小窗户看到北极星。这种构造神奇的金字塔对于玛雅人来说简直不算什么，还有更为神奇的事情。据说每年秋分会有一条大蛇爬上那个金字塔，而且几千年如一日不曾改变。玛雅人崇信太阳神，他们认为一条叫库库尔坎的大蛇是太阳神的化身，所以他们在墨西哥森林的北边修建了一座库库尔坎神庙，并在神庙北边的台阶上精心雕刻了一条带羽毛的蛇，蛇头张着大嘴，吐着芯子，形象逼真，而蛇身却隐藏在阶梯的断面上。在每年春分和秋分的下午四五点钟的时候，神庙内北面墙上被太阳照亮的部分棱角分明，投影的线条笔直地从上延伸而下，行成了波浪形，仿佛一条飞动的巨蟒从天而降，蜿蜒游走。这种集合了天文知识、物理知识、建筑知识于一体所造成的艺术幻觉，即使用现代高科技的建筑设备来仿制，也是一件非常困难的事情。

虽然现在我们还不清楚玛雅人是怎样建造出如此神奇的金字塔的，但是通过前面的介绍，我们知道玛雅人的确不简单，他们拥有先进的医学、数学还有文字系统。专家们将一些文字和数字结合起来翻译之后发现玛雅的历法总共分为5个时期，在玛雅的历法中，第5个时期的最后一天就是2012年12月21日。专家们还破译出结束、终结这类的词语，虽然我们不知道为什么他们认为那天是末日，也许是因为他们的数学运算即便再先进也有极限；也有可能是因为他们只能用眼睛观测天体运行，虽然准确度挺高，但是毕竟还是有误差，导致他们计算几千年之后的事情得出了错误的答案，但这些都只是个猜测，就像玛雅人给我们留下了这么多未解之谜一样。

玛雅人似乎是突然开始在墨西哥的森林当中建造金字塔、开始他们奇迹般的文明的，没有人知道他们如何起源，他们也没有给历史留下任何解释，之后又突然消失了。为什么一个拥有先进的天文、数学、文字、科学和医学的玛雅文明会突然地消失呢？随着玛雅新的遗址不断地被发现，随着碑文不断地被破译，专家们逐渐发现了端倪，1946年玛雅文明消失之谜的破解工作迎来了一丝曙光。有一位叫吉雷斯·西立的摄影师组织了一支探险队来到玛雅人居住的丛林当中探险研究。当他进入一间之前从未被世人发现的神庙的时候，他震惊得简直说不出话来。当他的双眼渐渐适应昏暗的灯光之后，他看到每个房间都画着身穿华丽衣裳的玛雅族领袖的壁画，壁画改变了以往人

神庙壁画

库库尔坎大蛇石雕

神庙壁画

们心中有关玛雅的想法，人们曾经一直认为玛雅人是爱好和平的民族，他们崇尚自然、与世无争，但是西立在壁画上却看到了血腥和杀戮。玛雅人在壁画上绘制了玛雅种族内部的战争、奴隶制度以及酷刑，虽然这些壁画证明玛雅文明最后进入了一段战争和专权的黑暗时期，但是战争不可能让几十万的玛雅人突然消失，现代人只能通过对玛雅遗迹的不断挖掘、不断研究来逐渐拼凑成一段更真实的历史。

1949年，有一位墨西哥考古学家雅伯托在研究一间有壁画的神庙的时候，发现神庙的墙壁并不是建在地板之上的，似乎是连接到下面的。受到好奇心的驱使，他发现其中一块巨大的石板之上居然有一些可以用来移动石板的孔洞，当这些石板被移开之后，一条秘密的隧道展现在他的面前，当雅伯托清除通道时发现了一些阶梯，但是却被石块和千年的尘土堵塞了去路。在之后的几年间，挖掘隧道的工作进行得缓慢而且费力，四百吨的碎石必须用手工搬走。1952年，隧道终于挖通了，但是却并没有看到任何值得研究的事情，就当雅伯托即将放弃的时候，一个意外的发现让他惊喜万分，他发现一面墙壁后隐藏着一间密室，密室的地板被一块巨大的石刻板完全覆盖，随着石板被逐渐抬起，雅伯托的内心无比激动。一个较小的盖子被藏在底下，石板移开之后出现在他们眼前的是一个国王的陵寝，这是第一个在玛雅金字塔内被发现的国王陵寝，后人称之为帕卡尔国王。雕刻在石棺盖子上的图案描述着帕卡尔国王的一生以及重大的历史事件，而其中一些文字也对玛雅文明的消失提供了新的证据。

文字记载玛雅文明的后期不仅经历了战争，还有饥饿和疾病，通过近几年对玛雅文字的破译，玛雅文明消失之谜真实地展现在我们的面前，原因主要有3个方面：第一，战争，在玛雅文明繁盛的时候，人口的数量达到了几十万，人多了战争就增多，死的人自然就多了；第二，迷信，玛雅人对鬼神之说过度地迷信导致很多血腥的杀戮都被冠上神的名义，这样就更加促使斗争的恶化；第三，瘟疫，一场大瘟疫的肆虐彻底摧毁了玛雅文明最后的活力，只剩下了很少的玛雅人，他们为了生存只能迁移并分散到世界各地，璀璨的玛雅文明从此退出了历史的舞台。

玛雅曾经拥有的辉煌文明留给我们许许多多神秘的未解之谜，也许当您去墨西哥旅行时会有机会发现一个新的玛雅人未解之谜。

神秘隧道

石棺上雕刻的帕卡尔国王的一生

神秘线条

每年前往秘鲁的外国游客都多达几十万人，游客们都要到秘鲁的南部纳斯卡地区亲眼看看地球上最大的图画，这一片绵延几公里的巨大图案有的呈现为蜘蛛的形状，有的呈现为一只猴子或巨鸟等形状。这些形象生动的图案究竟是谁画上去的呢？在这其中又隐藏了多少不为人知的秘密呢？

神秘线条，地球上最大的图画

夏季烈日炎炎却挡不住大地上的勃勃生机，每年的6~10月到空气洁净的田园中旅行，陶醉在青翠的麦田波浪中，已然成为世界各地的都市人在夏季旅游的热门之选。然而从20世纪80年代开始，有些地方的麦田就不再是人们单纯欣赏田园风光的场所了，离奇的事件为那些纯朴的田园增添了几分神秘的色彩。麦田中的麦子几乎在一夜之间被按照一个固定的方向压倒，形成一些线条和圆圈，从上空向下俯看，那些线条和圆圈组成了一幅巨大的图案，这些图案越来越多地出现在世界各地的麦田中，而且花样越来越复杂、越来越美观。这个神秘的事件吸引着全世界的目光，一批又一批的专家、学者、超自然现象爱好者和探险旅行家来到这些图案所在的麦田中进行研究和参观。逐渐这些图案也有了一个专属的名字——麦田怪圈。

每个看到麦田怪圈的人不仅为那些线条呈现的图案感到惊奇，同时心中也产生了许多疑问：到底是谁或者是什么力量造成了这种现象呢？那些结构复杂的图案又隐藏着什么秘密呢？原本只是非常纯朴的田园，为什么一夜之间出现那么多复杂的图案呢？2010年出现在英国南部的麦田怪圈由两个非常标准的正方形组成，但是仔细观察会发现中间还隐藏了一个圆形。2011年7月出现的麦田怪圈的形状就像一条舞动的大蛇。除了这些之外还有一些花的形状或蜻蜓、蜜蜂、水母的图案。最让人吃惊的是一些结构十分特殊的怪圈。

比如有些图案虽然我们形容不出它到底像什么，但是看着就好像有什么神秘的信息想要告诉我们。

在英国南部威尔特郡的田野中默默矗立着一座辉煌的城堡——巴伯里城堡，这座建于3000多年前铁器时代的山丘堡垒一直是英国著名的旅游景点之一，然而自从2008年在城堡附近出现了一个麦田怪圈之后，昔日的城堡已经无法吸引人们的目光。大家的注意力都被转移到了这个复杂又仿佛含有一定规律的怪圈图案上。无数的科学家和麦田怪圈的狂热爱好者来到这片田野，花费了他们大半年的时间进行各种考察和研究，但是全部无功而返。直到2008年年底，英国天体物理学家迈克·里德终于发现了它的秘密，他的结论引起了全世界的哗然。迈克·里德把这个图案沿着原有的形状从内到外分成不同的色块，他发现将这些色块按照一定的规律相加居然得出了圆周率3.1415926，也就是数字π。我们都知道π这个数字对于数学和物理界有着非常重要的意义，它也是核能的一个基础单位，甚至可以说没有π就没有现在影响全球发电量的核电厂，这个图案到底是怎么出现的现在我们还不清楚。

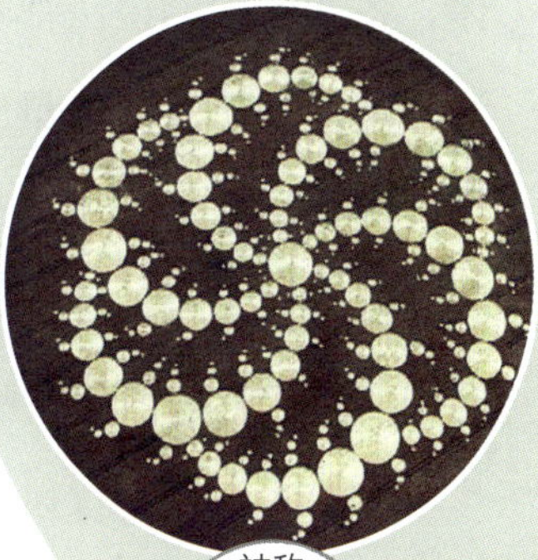

被称作“麦田怪圈之母”的图案

不仅这个图案让我们觉得惊奇，经过专家的研究发现，还有很多的麦田怪圈的线条和几何构造都是非常标准的。比如有一个被称作“麦田怪圈之母”的图案，是由409个非常标准的圆形组成的，而且每个圆形之间的距离是完全一样的，它们就像用尺子、圆规之类的工具通过各种复杂的计算画出来的一样。不过我们都知道，这些麦田怪圈不是画在纸上或者是用电脑做出来的，它们是一夜之间出现在麦田中的。更让我们吃惊的是，它们几乎都非常大，从直径几十米到几百米不等。这个麦田怪圈之母甚至比一个足球场都要大。

2010年英国南部的麦田怪圈

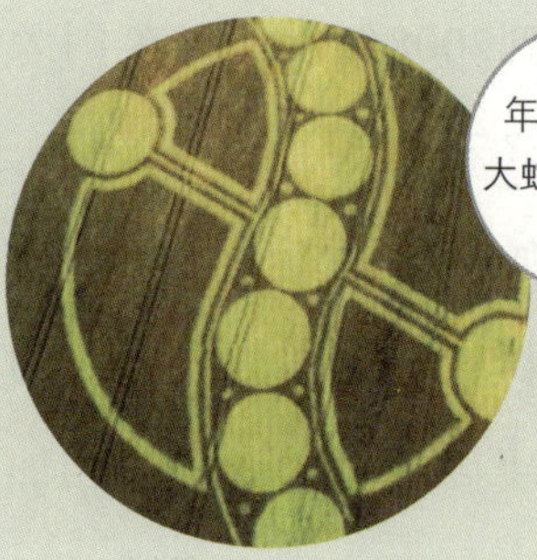

2011年出现的如大蛇似的麦田怪圈

这些巨大而细致的图案是怎么形成的呢？对于这个问题人们一直争论不休，各式各样的说法都有，其中最被那些麦田怪圈爱好者所追捧的说法是，这些图案是超自然力量所造成的，比如外星人，那些天外来客想向我们这些地球人传达某种信息。很多人相信出现麦田怪圈的地方也会出现UFO，因此大部分人认为麦田怪圈是地球以外的高智慧生命体留下的记号，希望人类以同样的高智慧去消化这些信息。

外星人之说不仅风靡全球，甚至还被大导演沙马兰搬上了银幕。2001年他拍摄了一部名为《天兆》的电影，剧情描绘了在一片普通的玉米地里，某一天突然出现了巨大的麦田怪圈，紧接着这家玉米地的主人就遭遇到了外星人，在经过与外星人的一番斗智斗勇之后，玉米地的主人最终战胜了外星人的侵略。这部科幻电影虽然拍摄得很逼真，但是远远比不上一段被疯狂流传的视频更为震撼。据说这段视频是被不经意间拍到的，两个光球相互交缠着在麦田上空飞翔，它们飞过的地方随即出现了麦田怪圈，它们仿佛是被这两个光球造出来的一样。这段视频被推崇外星人之说的狂热者们认定是最有力的证据，然而事实真如视频所展示的一样吗？麦田怪圈真是这两个未知的飞行体造成的吗？那段视频其实是通过电脑制作出来的，两个英国的年轻人主动地承认了这件事。他们说那段视频是因为他们一时贪玩，在麦田里人为地

压出了一个怪圈之后，再用电脑合成了两个飞舞的光球。

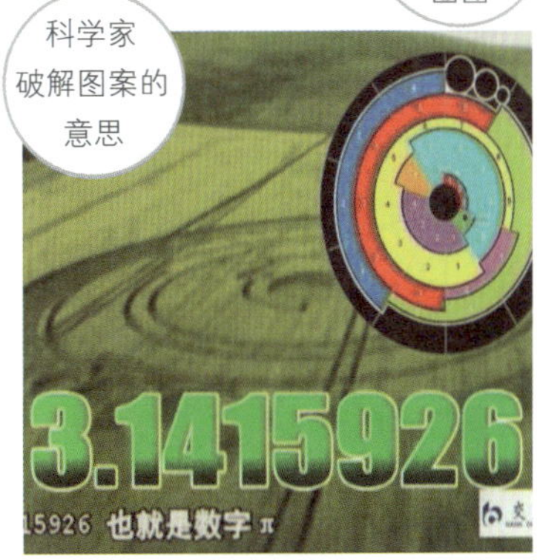

其实不止这两个英国年轻人，还有很多其他人也在世界各地的麦田当中以制造着怪圈来取乐，这些人自封为麦田怪圈艺术家。他们造出各式各样的怪圈，只是为了证明凭借我们人的力量也可以一夜之间造出那些复杂而又精致、精确的图案。麦田怪圈艺术家们不断地在世界各地的麦田中验证他们的说法，他们趁着夜深人静的时候悄悄地潜入麦田中，用绳索和一个定点充当圆规或者用同等长度的绳子丈量出图案的几何形状，规划好之后他们就用木板或者双脚踩踏将农作物弄平形成图案，而且他们为了取乐还造出了各种各样令人啼笑皆非的作品，以证明麦田怪圈是人为的这一说法。

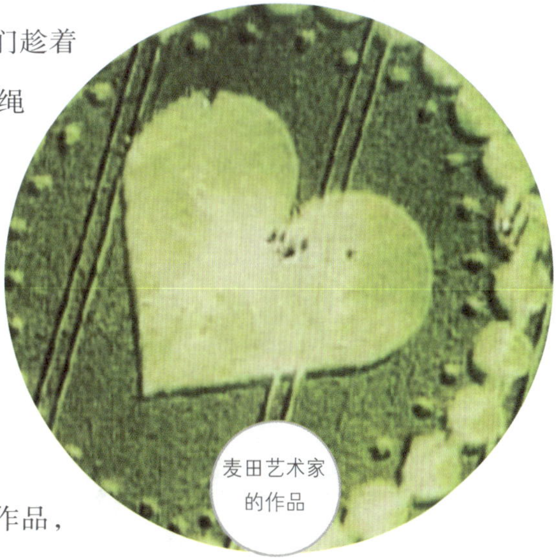

虽然这些艺术家们十分欣赏自己的作品，

麦田艺术家的作品

但是他们的行为却引起了另一群人的强烈反对，这群人就是超自然力量的爱好者。超自然力量爱好者认为，那些图案不仅非常巨大而且很精确，形成的时间非常短肯定是某种神秘的力量形成的。他们还拿出了大量的证据来证明并不是所有的麦田怪圈都是人为的，其中有一些奇怪的现象是人类不可能伪造的。超自然力量爱好者的证据有：第一，据说一部分麦田怪圈出现之前有目击者证明看到了麦田中有一些亮点在闪动；第二，有人曾经用仪器测过麦田怪圈里的磁场和外面的磁场，截然不同；第三，麦田怪圈里多数都会出现一种现象，就是指南针在其范围内不好用，电话信号也出现异常；第四，被那些超自然力量爱好者们认为最有利的证据，就是麦田怪圈中形成图案的那些被压倒的麦子，它们弯曲的部位不像是被人为砍断的或者是折断的，而仿佛是自然生长成那个样子的。

麦子弯曲生长的节点

在对麦田怪圈的研究中，有一点一直让人们疑惑，倒塌的农作物在弯曲的节点上没有明显的折断痕迹，节点的一侧比另一侧长，仿佛是自然生长成的，而且在放大镜下观察可以看到节点上有一些被烧焦的痕迹，麦田怪圈的艺术家们不可能将一根一根的农作物都用火烤来作图，所以这些证据让超自然现象爱好者们认为，怪圈的图案绝对不可能是人为的力量造成的。

就在大部分人被这些证据说服的时候，一位农学家对麦田怪圈的研究有了更新的进展。他发现一些农作物本身就有自我修复的能力，在遭到外界强压的力量之后，农作物可以在短短的两天之内调整弯曲节点处的生长形态，将外侧拉伸、内侧缩短，降低自身会被折断的危险，而节点上被烧焦的痕迹也是因为弯曲处的压力过大形成轻微的爆炸现象。虽然农作物节点上的疑问基本上被解释清楚了，但是关于麦田怪圈磁场异常的现象又是怎么回事呢？有科学家经过调查之后发现，90%的怪圈附近都有高压线，方圆二三百米内都会有一个蓄水池，由于灌溉麦田底部的土壤会产生负电，而高压电线产生的是正电，两种电一相遇就会产生一些电磁异常现象。目击者所看到的亮点估计就是看到了正在麦田怪圈里辛勤地制作他们艺术品的那些艺术家们的手电筒。麦田怪圈的种种神秘之处都是可以用科学来解释的，不过要是大家心中依然坚信有外星人的话，那我们就暂时结束田园的旅程，带您去一趟秘鲁，因为除了麦田怪圈中那些神秘的线条之外，在秘鲁还有一些更让人惊奇、更为神秘的线条，说不定在那里您可以发现外星人的踪迹。

秘鲁位于南美洲的西部，著名的安第斯山脉贯穿其南北，所以秘鲁有1/3的国土属于山地地形，而秘鲁更是与玛雅同一时期诞生的印加文明的发源地，可以称得上是一个历史悠久的文明古国。这也造就了秘鲁旅游业的繁盛，每年前往秘鲁的外国游客多达几十万人。游客们不仅要欣赏利马大广场和托雷塔格莱宫等地标性建筑的辉煌，更要到秘鲁的南部纳斯卡地区亲眼看看地球上最大的图画，这一片绵延几公里的巨大图案有的呈现为蜘蛛的形状，有的呈现为猴子或巨鸟的形状。这些图案是被绘在纳斯卡地区的一块平原之上，所以这些图案就被称作纳斯卡线条。每一个纳斯卡线条几乎都很

纳斯卡线条

像猴子的纳斯卡线条

像蜘蛛的纳斯卡线条

秘鲁

长，大概几百米，比麦田怪圈可大多了。

1926年，一对美国夫妇驾驶飞机越过纳斯卡上空的时候，无意间低头一看，发现地上有一幅一幅巨大的图案，他们向全世界宣布发现了世界上最大的天书，从那以后纳斯卡线条才被人们知晓并且震惊了全世界。根据研究人员的发现，纳斯卡线条是将地上深色岩层的表面刮去几厘米露出了下面的浅色岩层才形成了线条，每条线条的平均宽度约为10~20米，这些长度不一的线条所组成的图案长度也有所不同，比如一只细腰蜘蛛长约45米，一只蜂鸟长约300米，一只卷尾猴长约108米。

经过专家们对镶嵌在线条上的陶瓷碎

片做详细研究后，证实纳斯卡线条已存在了2000多年，2000多年前这里正是古纳斯卡人生活的地方，可以推测出纳斯卡线条出自他们之手。和其他古文明一样，古纳斯卡人在这里狩猎、耕种、建造神庙、祭拜太阳神，过着简单的生活。当时还处于新石器时代的纳斯卡人是怎样在地面上绘制出如此巨大的图案的呢？这就要提到一个非常伟大的人物——德国女数学家，玛丽亚·赖歇。她几乎用尽了一生的时间研究纳斯卡线条，通过大量的考察、实验、计算，她终于发现了一些端倪。

作为一个数学家，玛利亚·赖歇特别想知道那些纳斯卡人在设计和刻画线条时是否依据了几何学原理，因为在已知的历史中最早出现几何学的是1500年前的古希腊。后人依照最初的几何学，逐渐演变出复杂的高等数学以及现今我们生活中的各种形状新颖的产品。如果古纳斯卡人真的运用几何学画出了这些图案，那么这将会把几何学的出现提早几百年的时间。这个能让整个世界震惊的观点支撑着玛利亚·赖歇，她进行大量的实地考察和研究，最终她发现这些几公里长的笔直线条很可能就是古纳斯卡人画的，他们运用了最初的几何学原理，在木桩间拉线作为画线的标准，比如用两根木桩在目测范围内保持一条直线，那么整条线路就能保持笔直，这就是几何学中常见的两点一线原理。还有那些规则的圆弧形，也是将一根绳索系在固定的一根木桩上，绳索的另一头就像圆规一样以木桩为中心画出圆弧形。赖歇还研究发现当时古纳斯卡人事先在地上画一个直径一米多的小样，然后再绘制在几公里的地面上，不过对于他们是如何放大图案的，直到赖歇临终前都没有找到答案。

要知道人们在地面上是根本无法辨认出这些线条的形状的，古纳斯卡人是怎样在施工过程中保证图案不变形或走样呢？从玛丽亚·赖歇的研究我们

纳斯卡线条

德国女数学家玛丽亚·赖歇

看到，纳斯卡线条的绘制方法倒是跟麦田怪圈有点像，都是用绳子、木头充当测量的工具。不过麦田怪圈是2000多年后我们现代人画出来的，我们有升降梯，可以从很高的地方控制全局，还有通信工具比如手机、对讲机来遥控整个作画的过程。但是2000多年前的古纳斯卡人在没有任何现代工具的情况下画出来的纳斯卡线条，还要比麦田怪圈的图案大好几倍。

对于古纳斯卡人怎么保证图案在绘制过程中不走样的问题，专家们有过很多猜想，比如有人认为古纳斯卡人建造了一座很高的高塔监督图案的绘制。在纳斯卡不远的地方矗立着一些金字塔，它们是玛雅人的杰作，那么古纳斯卡人是否也建筑了金字塔式的指挥塔用来监督制作巨大的线条呢？这个猜想很快就被推翻了，因为在纳斯卡地区根本找不到任何建造过金字塔的痕迹。还有一些人认为他们可能使用了热气球升到空中指挥监督，然而专家们用古代纳斯卡地区可能找到的材料制造的热气球升到空中，却只能停留短短的3分钟时间，所以也无法达到指挥的效果。

关于线条是如何被绘制的这谜一样的问题直到现在依然是人们热议的主题。虽然现在还不知道纳斯卡线条是怎么绘制出来的，但是关于他们为什么要绘制这些线条以及这些线条的作用，却已经在近期被研究出来。人们本来以为这些线条是用作祭祀的或者是用来标记天上星星的位置的，可是一位水利专家在研究纳斯卡地区水源问题的时候却得到了意外的惊人发现，这个发现令他震惊得坐在地上大声欢呼。

纳斯卡平原是一块贫瘠的土地，长年不下雨的干旱气候令纳斯卡平原成为地球上最干燥的地区之一，但是聪明的古纳斯卡人却在地下找到了珍贵稀少的水源，他们修建沟渠，方便饮水。一位水利专家在研究纳斯卡地区的水源问题时经常会走过一条条的纳斯卡线条，这种地球上最宏伟的图案之一从没有引起过他过多的停留，直到有一天他追寻一条地下水脉的时候，却发现水脉就隐藏在巨大的纳斯卡线条之下，突然他的脑中灵光一闪，发现了纳斯卡线条的秘密，原来这些巨大的图案就是古纳斯卡人的水利图。在2000多年前的纳斯卡地区有许多个部落，部落之间经常为了争夺稀少的水源而引发战争，为了解决这个问题，部落的首领们研究出一个方法，那就是将纳斯卡的水源平均分配给每个部落，所以他们就用代表自己部落的图案在不同的水源上标绘出来，水脉的范围有多大就绘制多大的图案，从那之后纳斯卡地区的部落之间就各取所需、互不侵犯了。原来纳斯卡线条是古代人用来标绘水源的。

虽然知道了这个谜题的答案，但是我估计您心中多少会有点失落。因为我们对待未解之谜和科学之间的态度不同，未解之谜可以让我们在未知的领域里进行天马行空的感性想象，后者则是理性的认知。其实在感性和理性的背后都存在着一个称之为真相的东西，只不过感性是发自主观意愿地对真相进行猜想，而理性则引领人们去了解真相。通过我们的神秘线条之旅，您是否已经了解了麦田怪圈和纳斯卡线条的真相了呢？无论您怎么想、怎么看，或者不认同我们的分析也没有关系，因为旅行的意义本身就是一个因感性而启程，最终收获理性认知的过程，这个过程本身就是一笔可观的财富。

特洛伊

对特洛伊古城和特洛伊战争最早的、也是唯一的记载来源于《荷马史诗》，它是欧洲古典四大名著里最早的一部，描写的是公元前12世纪希腊军队攻打特洛伊城以及战后的故事。

特洛伊，木马决定胜负的战争

先讲一个故事给大家听，今天的故事和我们所破解的谜团息息相关。故事发生在3000年以前的古希腊，当时的希腊半岛由很多小国组成，斯巴达国就是其中之一。

一天，斯巴达王宫来了两位尊贵的客人——特洛伊国王和他的王子。不料王子对希腊的第一美女——斯巴达国王的妻子海伦一见钟情，于是就将海伦带回了特洛伊。斯巴达国王极度愤怒，他请求自己的哥哥阿伽门侬帮忙。为了帮助弟弟夺回王后海伦，阿伽门侬派出了一千艘战船征讨特洛伊。双方展开的战争持续了10年，但是特洛伊城却迟迟无法攻下，于是希腊人便制造了一只巨大的木马，让士兵藏在木马当中，希腊军队假装求和，将木马当作供品送给特洛伊。特洛伊人兴高采烈地把木马当作战利品拖进了城里，到了晚上，木马内藏着的士兵与城外的部队里应外合，一举攻破了特洛伊城并夺回了王后海伦。听到这儿，相信朋友们都已经猜到了，刚才讲的故事就是历史上最著名的特洛伊木马之战。特洛伊战争结束了，但是关于这段历史的真实性的争议却延续了3000多年。人们都很好奇历史上是否真发生过这场因爱而起的战争，特洛伊古城到底存不存在呢？

对特洛伊古城和特洛伊战争最早的、也是唯一的记载来源于《荷马史诗》，它是欧洲古典四大名著里最早的一部，描写的是公元前12世纪希腊军队攻打特洛伊城以及战后的故事。《荷马史诗》由古希腊的盲诗人荷马加工整理而成，它情节生动，结构完美，是脍炙人口的不朽之作。如今荷马的时代早已远去，但是特洛伊的故事却千古流传，为3000年以后的艺术家们注入了无穷无尽的创作灵感。2004年，一部好莱坞电影巨作《特洛伊》在全球上映，它以恢宏的战争场面将人们带到了只有在《荷马史诗》中才能领略到的英雄时代。影片中众多明星纷纷加盟，德国女星黛安·克鲁格扮演希腊最美

《荷马史诗》

美国明星布拉德·皮特
饰演希腊第一勇士

奥兰多·布鲁姆
饰演特洛伊王子

德国女星黛安·克鲁格扮演
希腊最美的女人海伦

的女人海伦，奥兰多·布鲁姆饰演特洛伊王子，美国明星布拉德·皮特则饰演希腊第一勇士，塑造了一个战神般的形象。电影《特洛伊》的上映给观众带来了巨大的冲击，使现代人们对特洛伊古城和《荷马史诗》再次显示出浓厚的兴趣。历史上到底有没有发生过那场旷日持久而又极其残酷的特洛伊战争呢？这个问题不仅在大众中引发争议，也一直是史学家、考古学家争论不休的话题。

一位美女引发了一场长达10年的战争，一只木马导致了一个国家的灭亡，事实真的是这样吗？在18世纪以前人们对《荷马史诗》这部历史巨作深信不疑，认为特洛伊之战是希腊早期的一段历史，但是从18世纪开始，《荷马史诗》只被

电影《寻找特洛伊》

考古学之父亨利·施里曼

视为文学的经典之作，几乎没有人再相信它是真实的了，特洛伊和特洛伊战争也被视为模糊不清的神话或者是传说。那么真相究竟是什么呢？

要想揭开历史的谜团，我们首先要确定特洛伊这个国家是否真的存在，要找到特洛伊城，我们必须要介绍一个人，他就是被誉为“考古学之父”亨利·施里曼。1822年，施里曼出生在德国，7岁时他被父亲所送的图画书吸引，读到了特洛伊战争的故事，这在他幼小的心灵上打下了深深的烙印。施里曼坚信《荷马史诗》中所描绘的特洛伊战争不会是凭空想象的，而是真实存在过的人类历史，他决心献身于这一事业。成年后的施里曼不停地赚钱，他投资房地产、做军火生意，从中获得了巨额利润，他积累财富的目的只为了实现童年的梦想，那就是——发掘特洛伊古城，找到《荷马史诗》中所描绘的那座城邦。1868年，46岁的施里曼断然从商界引退，开始投身于特洛伊的考古学研究。当时的考古界还只采用纸上谈兵的研究方式，几乎没有人愿意进行实地考察，而施里曼则决定采取野外考古挖掘的方式寻找特洛伊，他也因此成为了现代考古界的先驱。

不过当时的施里曼并不具备专业的考古学知识，仅仅凭借着自己对《荷马史诗》的一腔热情，就闯入了考古学领域，等待他的将会是什么呢？根据《荷马史诗》的记载，人们大致能推测出特洛伊城的位置是在小亚细亚的西

北部，也就是今天土耳其的西北部。在爱琴海的沿岸，施里曼手捧着《荷马史诗》开始了他的梦想之旅，他认定土耳其的西沙里克镇更符合《荷马史诗》中所描述的特洛伊城的特征。施里曼这种按图索骥、迷信荷马的做法，在当时被视作笑柄，基本上没有人相信他会真的找到特洛伊古城。那么施里曼究竟有没有找到特洛伊古城呢？

土耳其共和国位于亚洲西部、欧洲东南角，大部分领土位于小亚细亚半岛之上，是世界上唯一同时拥有西方和东方文化、种族、历史的国度，是亚洲通往欧洲的心脏。位于土耳其西北部的西沙里克镇是小亚细亚西北部的古城。1871年9月，施里曼雇佣了100多名工人在西沙里克镇开始了挖掘工作，功夫不负有心人，两年之后，施里曼在地表挖掘出了层层叠叠的古城遗址。考古显示，这里曾经有着厚实的城墙和高耸的城门，不久，一个类似宫殿的遗址展现在施里曼的面前，虽然这座宫殿并没有预想中的豪华，而且整个城池面积只有不到6000平方米，但是施里曼认定这就是特洛伊国王的宫殿。“特洛伊城找到了！”他向全世界宣告了他的发现，但却遭到了一片指责和怀疑。人们之所以怀疑施里曼，是因为他的发现存在两个漏洞：第一，如果《荷马史诗》中的特洛伊城真的存在的话，那么这个城邦应该非常强大，才足以抵挡希腊军队10年的进攻，但是眼前的城池却只有一个渔村那么大，跟《荷马史诗》描述的基本上不吻合；第二，《荷马史诗》中提到的宫殿有一个宝库，里面有很多黄金宝藏，但是施里曼却没有挖掘出一件值钱的东西。所以当时人们的指责和怀疑给狂喜中的施里曼泼了一盆又一盆的冷水，因为他拿不出更有说服力的证据来证明自己的发现。当时，施里曼的挖掘工作已经持续了两年多的时间，失望至极的他决定停止挖掘工作，但是就在他即将放弃的时候奇迹却发生了，施里曼觉得这简直就是上天的恩赐。

1873年6月，施里曼在发掘出来的古代建筑物的围墙下无意中发现了一道金属的光芒，难道这就是传说中的黄金宝藏吗？他小心翼翼地拨开石块，果然发现了一个宝库。施里曼喜极而泣，他一件一件地将宝库中的金银财宝挖了出来。这批出土的宝物相当丰富，有样式各异的黄金饰物、银制器皿、青铜器、金杯、金条等，其中最引人注目的是两顶华丽的金冠。激动不已的施里曼还曾把金冠戴到妻子的头上，恍如看到了当年的海伦。51岁的施里曼坚信已经找到了特洛伊国王的宫殿遗址，而这些金冠和珠宝就是当年海伦佩戴过的。施里曼的发现让持怀疑论者哑口无言，人们不得不重新审视位于土耳其的西沙里克镇。

施里曼妻子佩戴出土的金冠

难道这里就是荷马所描述的特洛伊古城吗？答案是残酷的NO，因为施里曼忽略了一个重要的问题。西沙里克镇出土的真正的特洛伊古城遗址分属9个时期，从公元前3000年至公元400年，一代又一代特洛伊王朝在这里兴起、毁灭、重建，因此在地表下面形成了一个顺序的年代层，每一层都代表着一个年代，而作为一个自学成才的业余考古学家，施里曼还不知道如何设定这些年代层。他理所当然地认为应该在最深的年代层，由于施里曼向下挖掘得过于深入，已经超越了《荷马史诗》所描述的特洛伊战争的那个时代，所以施里曼所发现的那些珠宝也并非海伦的饰物，而是公元前2300年一位公主所佩戴的。不过当时的施里曼还不知道这些事实的真相，他正处于发现《荷马史诗》中特洛伊古城的狂喜之中。

为了继续印证自己的发现，他又把目光投向了《荷马史诗》所描绘的另外一个国度希腊，在希腊半岛上的迈锡尼他又开始寻找新的线索。

在《荷马史诗》中，斯巴达国王为了夺回妻子海伦，求助自己的哥哥阿伽门依帮忙，阿伽门依就是当时迈锡尼国的国王。和斯巴达国一样，迈锡尼也是希腊半岛的国家之一。在特洛伊之战中，阿伽门依将迈锡尼和希腊各国联合起来，组成了希腊联军，亲自率军声讨特洛伊。战争胜利之后，阿伽门依却在自己的家乡迈锡尼英年早逝。与特洛伊不同的是，在希腊的历史上，

迈锡尼遗址

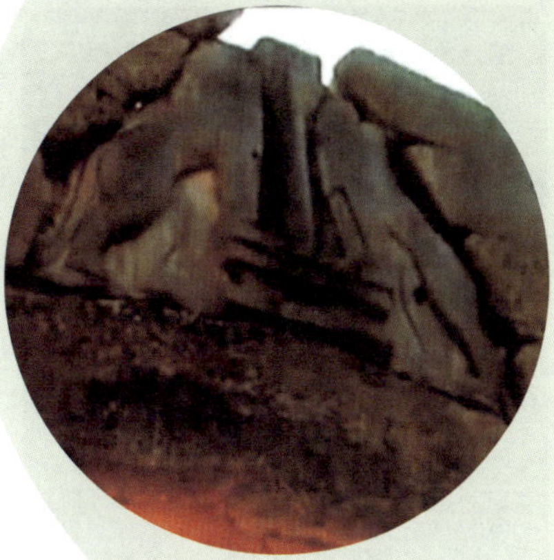
阿伽门依家族的徽章无头狮子

迈锡尼古城是一个有明确记载的地方，它位于希腊伯罗奔尼撒半岛的东北部，曾经是古希腊大陆最重要的城邦，文化先进，经济繁荣，但是在公元前200年，迈锡尼文明却忽然神秘地消失了。如今迈锡尼的城市遗址仍然很明显，它建筑在一个高丘上，城堡的正门两侧雕刻着两个无头狮子，传说这是阿伽门依家族的徽章，被称为狮子门。

在施里曼看来，如果特洛伊城是真实存在的，那么作为希腊的英雄人物，阿伽门依一定是真有其人，所以施里曼决心找到阿伽门依的坟墓，这样才可以进一步证明《荷马史诗》的准确性。1876年的秋天，满怀信心的施里曼在迈锡尼的遗址附近开始挖掘，不久他就发现一排排围成圆形的石头阵里有类似墓碑的东西，上面还刻有战车、士兵的图案。施里曼惊喜不已，当时就想难道这就是《荷马史诗》所描述的英雄墓地吗？抑制住激动的心情，施里曼继续向下挖掘，不久他便有了一个惊人的发现。墓碑下面果然出现了一些长方形的墓穴，墓穴中共葬有19人，尸体上大多覆盖着黄金。在最后的一个墓穴中，施里曼发现了一具带有金色面罩的男性尸体，他的胸前佩有黄金装饰物，经鉴定，死者去世时的年龄还不到35岁，正是阿伽门依死亡之时的年纪，这一切都跟《荷马史诗》中的描述有着惊人的吻合。欣喜若狂的施里曼当天晚上就给希腊国王发了一封电报，说找到了阿伽门依。施里曼成功挖掘迈锡尼遗址的消息震惊了考古界，学者们半信半疑，而施里曼则完全陶醉在自己的发现当中，他深信自己找到了荷马的世界。但是事实真是如此吗？

墓穴中的金色面罩

答案再一次令人失望。后来的考古学家普遍认为这里要比迈锡尼古城早200~300年，而那些戴着黄金面罩的战士甚至连是不是希腊人都不能确定。最困扰施里曼的是他的这次迈锡尼之旅根本找不到任何与特洛伊相关的物品，他充满疑惑，以至于后来多次重返特洛伊寻找线索，可惜都无功而返。正如后来他自己所说的那样，7岁孩童的梦想仍然缠绕着这个67岁的老人。他甚至得出了结论，特洛伊古城也许一直只是诗人荷马的幻想。

为了揭开特洛伊之谜，世界各地的历史学家和考古学家开始对特洛伊进行研究考证，他们追随着施里曼的脚步，在他挖掘出来的古城遗址上不断获得新的发现，其中很多发现与《荷马史诗》中所描述的特洛伊相吻合。进入当代，特洛伊的考古工作仍在继续进行。1988年，一支由德国考古学家玛夫锐德·柯夫曼率领的考古队，在土耳其的西沙里克镇进行了新的考古发掘。在这里，柯夫曼有了一个重要的发现，这个发现为特洛伊之谜的揭开提供了一个至关重要的依据。与施里曼不同的是，柯夫曼把特洛伊看成是一个有着复杂历史的城邦，而不仅仅是为了求证《荷马史诗》中描述的那个特洛伊城。当年被施里曼找到的特洛伊遗址，因为只有渔村那么大而受到了人们的质疑，柯夫曼重新审视了土耳其西北部的西沙里克镇，他竟然有了一个重大发现，这个城池遗址没有找到任何的关卡，也就是说城池的大门是开放型的，任何入侵的军队都可以轻易地进入，这让柯夫曼感到非常的不合情理。没有人会建造一座没有任何防御能力的城池，这让他产生了一个大胆的猜想，眼前的城池仅仅是遗址的一部分，整座城池要比我们想象的大得多，于是柯夫曼试图运用更为先进的方法来证明自己的猜想。

柯夫曼通过磁成像的方法对这座古城遗址进行了测定，结果发现原本这座城池遗址比施里曼挖掘出来的面积要大得多，大约是原来的5倍，是一座相当大的城池，有着近10000的人口，是一座能够进行长期防御和作战的大型城邦，最后柯夫曼还对这座古城遗址进行了年代测定。结果显示，它和荷马所描述的特洛伊城同属于一个时代。答案越来越明朗化，在柯夫曼看来，眼前

特洛伊古城遗址

的这座古城遗址就是特洛伊城的所在地，特洛伊的确曾经存在过。那么特洛伊真的是毁于一场战争吗？当年施里曼的挖掘范围仅仅局限在王宫、堡垒的范围之内，并没有向外部继续拓展，而柯夫曼却为我们提供了更为可信的证据，他的研究成果也得到了当今考古界的普遍认可。

通过历代考古学家的努力，终于脱去了特洛伊古城神话般的外衣，证明了这个古城并非完全虚构，不过问题接踵而至。既然特洛伊城在历史上真实的存在过，那么特洛伊之战是否真实地发生过呢？柯夫曼和他的考古小组通过多年来不断地挖掘、考证，在特洛伊古城遗址中发现了大量与战争相关的证据，如火灾残迹、散乱的尸骨以及大量散乱的投掷弹丸，这些很像是战乱留下的迹象。按照常理来说，如果守城者取胜，在战争结束后会将投掷石块等武器重新收集起来，以便应付敌人的再次入侵；而如果进攻者取胜，他们是不会做这种善后工作的。除此之外，遗址中所反映出的城市建筑和经济文化水平，比之前的文明有着明显的衰落迹象。柯夫曼根据种种考古遗迹得出了科学的结论，特洛伊城大约是在公元前12世纪被摧毁的，很可能是输掉了一场战争。那么这场战争究竟是因何而起的呢？

如果特洛伊战争是真实存在的，那我们就不能忽略一个重要的人物，那就是斯巴达国王的妻子海伦。《荷马史诗》中描述海伦是一位绝世美人，因为她的美丽，所以展开了这场长达10年的战争。在原著中曾经有这样一个情节，10年的战争让特洛伊的士兵无比地怨恨，他们想：我们天天打仗，但这王后到底长什么样我们都没见过，所以他们想一睹海伦的芳容。当掩着面纱的海伦出现在城墙上时，士兵们顿时感慨：为了如此美丽的女人，就是再打10年也值得。从这段描述我们可以看出海伦确实有着惊人的美貌，这也引起很多人的好奇，大家纷纷猜测海伦到底长什么样，这个希腊神话中最美丽的女人真的存在过吗?

令人遗憾的是，经过多年的考古挖掘，专家们没有发现任何和海伦有关的线索。实际上，引起这场特洛伊之战的是更深刻的经济原因。特洛伊国北临达达尼海峡的边缘，西临爱琴海，这是将欧洲与亚洲划分开的狭窄海峡，特洛伊雄踞于海岬之上，俯瞰着欧亚之间的贸易通道。近代考古学家们在特

洛伊海岸附近发现了一艘3000多年前的遇难船骸。船上承载着令人目眩的货物，有漂亮的金饰、鸵鸟蛋，还有来自世界各地的珍贵物品，这进一步表明特洛伊城不仅是远古时代的一个强国，还是一个非常特别的贸易港口，占据着至关重要的地理位置，让希腊各国垂涎不已。作为希腊半岛的强国之一，迈锡尼正处于鼎盛时期，为了夺取特洛伊的财富和资源不惜一战，便联合希腊各国攻打特洛伊，战争胜利后希腊人满载着大量的财富和奴隶返回了希腊半岛。看来战争的起因并不像《荷马史诗》所描绘的那样，是因为一位绝世的美女而引起的。事实上，特洛伊之战很可能是希腊城邦向外殖民的过程中所引发的一场战争。

许多人关心那个代表特洛伊之战的庞大木马是否真的存在过。在文字记录和考古记录中并没有发现或者是找到任何和木马相关的线索，并且人们对木马的确存在着许多的怀疑。比如希腊人在特洛伊城外制造这样的一个庞然大物，城内的人竟然毫不知情，这不可能；它被拖进特洛伊城内，竟然没有人对这个巨型的木马产生怀疑，这也不可能。有许多分析显示特洛伊木马的故事是经不起推敲的，考古学家们也认为特洛伊木马代表的是一个帝国想要打败另一个国家的战略方法，代表的是一种策略或者是一种战术。

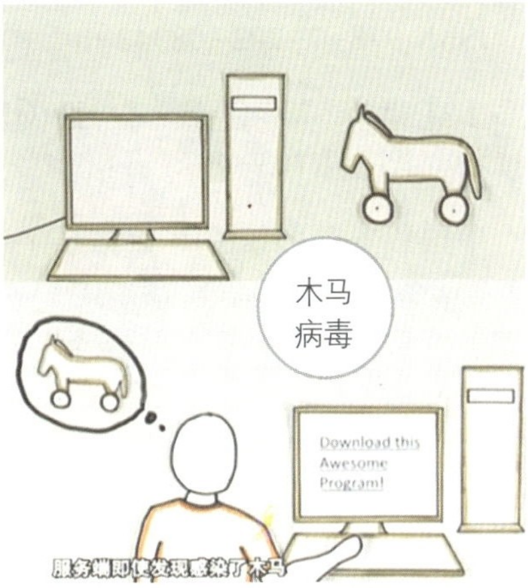

尽管如此，特洛伊木马依然流传至今并有着强大的生命力，甚至还被命名到了一种电脑病毒身上。木马是今天互联网时代的一种病毒程序，这种程序的特点就是借用了《荷马史诗》中特洛伊木马之战的故事，一经潜入，后患无穷的意思。完整的木马程序一般由两个部分组成：一个是服务器程序，一个是控制器程序。中了木马就是指安装了木马的服务器程序，而拥有控制器程序的人就可以通过网络控制对方的电脑，电脑上的各种文件、程序以及电脑上的账号、密码就没有任何安全性了。服务端即使发现感染了木马，由于不能确定其具体位置，往往只能是望“马”兴叹。

虽然希腊最终赢得了特洛伊之战的胜利，但是这场旷日持久的侵略战争却耗尽了希腊迈锡尼文明的元气，导致国力空虚，后来被其他的国家入侵而灭亡，从此希腊进入了400年的黑暗时代。通过传奇的特洛伊故事，我们能体会到的道理很简单，如果人们追求财富的动机是因为贪婪或者是野心，势必会两败俱伤。我们应该谨记中国的那句老话：君子爱财，但要取之有道。

图书在版编目（CIP）数据

世界游：财富的故事/旅游卫视编著. —石家庄：河北人民出版社，2013.10

ISBN 978-7-202-08342-0

Ⅰ.①世… Ⅱ.①旅… Ⅲ.①世界史-文化史-通俗读物 Ⅳ.①K103-49

中国版本图书馆 CIP 数据核字（2013）第 237102 号

出 品 人： 孔德明
总 策 划： 韩国辉
项目统筹： 汤永涛 高恒胜

书　　名 世界游：财富的故事
作　　者 旅游卫视

责任编辑 马 丽 张含晶
美术编辑 李 欣
封面设计 江 波
责任校对 付敬华

出版发行 河北出版传媒集团 河北人民出版社
（石家庄市友谊北大街 330 号）
印　　刷 河北新华第二印刷有限责任公司
开　　本 787 毫米×1092 毫米 1/16
印　　张 14.5
字　　数 170 000
版　　次 2014 年 2 月第 1 版 2014 年 2 月第 1 次印刷
书　　号 ISBN 978-7-202-08342-0/K·1102
定　　价 38.00 元
